# *INTERNET*
# *INTRANET*
# *EXTRANET*
## *comment en tirer profit*

Les Éditions Transcontinental
1100, boul. René-Lévesque Ouest
24ᵉ étage
Montréal (Québec)
H3B 4X9
Tél. : (514) 392-9000 ou, sans frais, 1 800 361-5479

**Données de catalogage avant publication (Canada)**
Vedette principale au titre :
*Internet, intranet, extranet : comment en tirer profit*
Comprend un index.
ISBN 2-89472-054-8
1. Entreprises - Réseaux d'ordinateurs. 2. Internet. 3. Intranets
4. Extranets. 5. Commerce électronique.
I. Centre d'expertise et de veille inforoute et langues.

HD30.37.I68 1998          658'.0546          C98-940693-8

**Révision et correction :** Louise Dufour, Jacinthe Lesage
**Mise en pages et conception graphique
de la couverture :** Studio Andrée Robillard

© Les Éditions Transcontinental inc., 1998
Dépôt légal : 2ᵉ trimestre 1998
Bibliothèque nationale du Québec
Bibliothèque nationale du Canada

ISBN 2-89472-054-8

Imprimé au Canada

Les Éditions Transcontinental remercient le ministère du Patrimoine canadien et la Société de développement des entreprises culturelles du Québec d'appuyer leur programme d'édition.

Centre d'expertise et de veille inforoutes et langues (CEVEIL)
www.ceveil.qc.ca

# *INTERNET INTRANET EXTRANET*
## *comment en tirer profit*

Les Éditions
TRANSCONTINENTAL inc.

## Note de l'éditeur

Indépendamment du genre grammatical, les appellations qui s'appliquent à des personnes visent autant les femmes que les hommes. L'emploi du masculin a donc pour seul but de faciliter la lecture de ce livre.

# Remerciements

*Internet, intranet, extranet : comment en tirer profit* est le fruit du travail de plusieurs collaborateurs associés au CEVEIL. Qu'il nous soit permis de les remercier ici.

Le mérite revient tout d'abord à François Hubert, à qui nous devons une recherche exhaustive qui aura servi de matière à penser au groupe tout entier, et à Guy Bertrand, qui, inlassablement, a assuré la direction scientifique de ce travail avec bonne humeur et intelligence.

Vinrent ensuite les précisions du comité éditorial réunissant Cynthia Delisle, Gracia Pagola, Réjean Roy et Jian Yang — les penseurs — Catherine Saguès et Isabelle Quentin — les scribouilleurs.

Évidemment, sans la coordination vigilante de Josée Beaudoin, nous en serions encore au brouillon !

Ont aussi participé à cet ouvrage Christophe Bonnal, Julie Brassard, Josef Komenda et Mustapha Lagha, qui, par leur lecture et leur regard neuf, ont permis de bonifier un document presque achevé et d'en faire un ouvrage que nous sommes maintenant fiers de vous présenter.

# Note importante au lecteur

Vous trouverez au fil de votre lecture certaines définitions de mots rencontrés afin de clarifier votre lecture. Ces mots apparaissent en **gras**. Leurs définitions se présentent ainsi :

**DÉFINITION** 151. CYBERNAUT ;
NET-CITIZEN ;
NETIZEN ;
INTERNETTER ;
INTERNET CITIZEN ;
NETWORK CITIZEN ;

**internaute n. ;**
**cybernaute n. ;**
**Quasi-syn. cyberexplorateur n. m.**

**Utilisateur du réseau Internet.**

Ces définitions vous sont offertes par l'Office de la langue française et font partie du *Vocabulaire d'Internet*, qui répertorie plus de 1000 termes anglais reliés au monde d'Internet et en donne la ou les traductions françaises.

La deuxième édition du *Vocabulaire d'Internet* a été lancée le 18 mars 1997. Cette édition revue et augmentée a été préparée par Marcel Bergeron, Corinne Kempa et Yolande Perron, terminologues à la Direction des services linguistiques de l'Office de la langue française. Les commentaires et suggestions peuvent être transmis directement aux auteurs à l'adresse ckempa@olf.gouv.qc.ca.

# Avant-propos

Qu'il me soit permis de saluer ici le personnel du Centre d'expertise et de veille inforoutes et langues (CEVEIL) et leurs collaborateurs, qui ont rempli avec cœur et intelligence le mandat de rédiger un livre utile, pratique, épuré de tout charabia technique tout en restant précis sur la question des outils de la langue dans un contexte d'affaires.

Le CEVEIL s'intéresse aux outils de traitement de l'information, au multilinguisme, de même qu'aux aspects relatifs à la construction et à l'utilisation des inforoutes.

Devant l'absence de documentation adaptée à la clientèle d'affaires, à l'heure où il devient crucial de composer avec la technologie, la requête d'un tel service a été formulée par le comité de direction du CEVEIL. Les membres qui, à ce jour, composent ce comité sont la présidente de l'Office de la langue française (OLF), Mme Nicole René; le président-directeur général du Centre de promotion du logiciel québécois (CPLQ), M. Claude Pineault; le directeur de la recherche du Conseil de la langue française (CLF), M. Pierre Georgeault; la chef de la gestion de l'information documentaire à Hydro-Québec, Mme Line McMurray; le directeur de l'École de bibliothéconomie et des sciences de l'information (EBSI) de l'Université de Montréal, M. Gilles Deschatelets, et la professeure, Mme Suzanne Bertrand-Gastaldy; le conseiller spécial au directeur général de l'École nationale d'administration publique

(ENAP), M. Guy Bertrand et moi-même comme présidente du CEVEIL. Le ministère de l'Industrie, du Commerce, de la Science et de la Technologie du Québec (MICST), également représenté au sein du comité de direction, finance le CEVEIL à l'intérieur du Fonds de partenariat sectoriel (volet 4).

Nous espérons que ce survol vous permettra de mieux saisir les enjeux « d'en être ou pas » et d'apprécier, au passage, l'expertise de nos entreprises de communications. Puissiez-vous trouver ici matière à réflexion et solutions de travail en contexte compétitif.

**Monique Charbonneau**
*Présidente-directrice générale CEFRIO*

# Table des matières

## CHAPITRE 2 •••••••

## CHAPITRE 3 ••••••••

## CHAPITRE 4 ••••••••

## CHAPITRE 5 • • • • • • • •

## CONCLUSION • • • • • • • • •

# Introduction

*Internet, intranet, extranet : comment en tirer profit* s'adresse à vous, gens d'affaires de tous les domaines. Il a été conçu dans l'espoir de vous accompagner dans votre réflexion à travers le dédale d'informations entourant le réseau Internet.

Nous avons délibérément cherché à être simples sans être superficiels. Nous savons que vous n'avez pas de temps à perdre.

Vous vous demandez sans doute ce qui se cache derrière les termes Internet, intranet, extranet ou outil de gestion documentaire ? À l'aide de **définitions** et d'explications simples, nous avons tenté d'aller au devant de vos questions. Les mots écrits en gras renvoient aux définitions du *Vocabulaire d'Internet* de l'OLF.

Vous voulez sûrement savoir ce que font les autres, vos concurrents, de ces outils ? Des **encadrés** vous permettront de glaner plusieurs renseignements utiles sur l'actualité, de vous comparer à vos concurrents, de faire vos propres projections.

Vous voudrez peut-être en apprendre davantage ? Les sites cités sont accompagnés de leur **adresse électronique**. Vous les repérerez facilement. Ils sont soulignés.

Vous vous demandez enfin si ça marche, le commerce électronique ou si Internet vous fera vraiment gagner du temps et économiser de l'argent ? De nombreux **tableaux et figures** vous donneront la chance de vous faire une idée plus juste des données et des enjeux actuels.

Le premier chapitre, *La naissance d'un nouveau médium*, vous propose de plonger au cœur d'Internet, de soupeser les bénéfices tangibles et intangibles d'un intranet, de réfléchir à la sécurité de l'information sur le Web et d'envisager de faire du commerce « autrement » par l'extranet.

Le deuxième chapitre, *En être ou pas*, vous initiera à la gestion documentaire, du tri des curriculum vitæ à la recherche d'information utile. Bref, vous verrez de quelle façon le Net peut vous aider à mieux travailler en rentabilisant votre temps... et celui de votre équipe !

Au troisième chapitre, *Ne cherchez plus... trouvez !*, vous apprendrez ce qu'est un moteur de recherche, de quelle façon vous en servir pour trouver un service, une société ou être vous-même repéré !

Dans *Prendre langue*, le multilinguisme est en vedette. En effet, à moins d'exploiter un commerce qui n'a rien à gagner en élargissant sa clientèle hors de sa région géographique et dont les usagers parlent tous la même langue, il y a fort à parier que vous aurez besoin d'élaborer d'office une stratégie de communication multilingue. Comment s'y retrouver sans y perdre son latin ?

Le dernier chapitre, *La grande convergence*, rassurera peut-être les plus inquiets en soulignant combien toutes ces technologies tendent à utiliser les mêmes canaux de diffusion. Même si l'harmonie ne règne pas encore au royaume du Net, la course à la performance pousse les grandes sociétés d'appareils et de logiciels à vous satisfaire et conséquemment à proposer des solutions de plus en plus intégrées.

En guise de conclusion, la *Lettre d'un internouille aux experts* vous permettra de trouver des réponses à des questions simples, mais ô combien inhibitrices, que vous vous êtes peut-être posées. Nous vous amènerons jusqu'aux pistes de réflexion d'aujourd'hui, celles auxquelles nous ne savons nous-mêmes répondre. Comme quoi, on est toujours l'internouille de quelqu'un !

Vous n'avez pas le temps de tout lire ? Consultez notre **index** et allez droit aux questions qui vous préoccupent.

Nous espérons que ce travail vous permettra d'atteindre vos objectifs et vous invitons à nous donner vos commentaires sur ce livre ou à nous transmettre la liste des questions liées à l'inforoute qui subsistent dans votre esprit. Un prochain ouvrage pourrait s'en inspirer ! Vous pouvez en tout temps nous rejoindre à info@ceveil.qc.ca pour poursuivre ces échanges.

**L'équipe du CEVEIL**

• • • • • • • • •

# CHAPITRE 1

# La naissance d'un nouveau médium

*On ne subit pas l'avenir, on le fait.*
**Georges Bernanos**

### L'HISTOIRE D'UNE DÉCOUVERTE

Jusqu'en 1993, Internet était un réseau presque exclusivement utilisé par les chercheurs et les militaires. Le réseau est né à la fin des années 60, alors que l'armée américaine en avait commandé la mise sur pied afin de se ménager un réseau de communication efficace avec ses fournisseurs. Constitué de plusieurs réseaux d'ordinateurs indépendants mais reliés entre eux, l'ancêtre du réseau Internet actuel permettait la communication (**courrier électronique**) et l'échange d'information entre les membres des communautés scientifique et militaire. Parce qu'il était formé de plusieurs réseaux, le Réseau était en quelque sorte moins vulnérable : on pouvait en restreindre l'accès par portion en cas de nécessité.

222. ELECTRONIC MAIL ;

ABRÉV. E-MAIL ;

MAIL BOXING ;

MESSAGE HANDLING ;

**courrier électronique n. m. ;**

**messagerie électronique n. f. ;**

**courriel n. m. ;**

**Abrév. C. élec. n. m. ;**

**CÉ n. m. ;**

**Courrier électr. n. m.**

**Service de correspondance sous forme d'échange de messages électroniques, à travers un réseau de téléinformatique.**

C'est donc en 1993 qu'Internet se démilitarise et s'ouvre au commerces mais ce ne sera pas avant 1995 que le Net, comme on l'appelle maintenant, prendra son véritable envol. C'est l'arrivée du logiciel de navigation Netscape qui ouvre la porte à la commercialisation d'Internet. L'année suivante, en 1996, le réseau Internet se développe à une vitesse fulgurante en grande partie grâce au (**World Wide Web**), la portion graphique du réseau. Du temps de sa vie militaire et scientifique, le réseau était essentiellement en format texte, sans images. L'introduction de la composante graphique transformera donc Internet en ce nouvel outil de marketing puissant que l'on connaît aujourd'hui.

 1040. WORLD WIDE WEB ;

ABRÉV. WWW ;

W3 ;

WEB ;

**Web n.m. ;**

**W3 n.m. ;**

**Système basé sur l'utilisation de l'hypertexte, qui permet la recherche d'information dans Internet, l'accès à cette information et sa visualisation.**

## D'INTERNET À L'INTRANET

En 1993, en même temps qu'elles découvrent le potentiel d'Internet comme outil de marketing et de communication, quelques entreprises ont l'idée de prendre la technologie du réseau (le protocole TCP/IP) et de s'en servir pour construire des systèmes internes de communication, de collaboration, de partage du travail, d'accélération des processus. Grâce à cette idée, les entreprises toujours à l'avant-garde des nouvelles tendances, les « innovateurs », ont tôt fait d'améliorer les réseaux informatiques existants.

Perçu comme *la* solution en matière d'informatique d'entreprise, Netscape, alors le leader incontesté des navigateurs pour Internet, prend rapidement conscience du potentiel de sa technologie et entreprend la commercialisation de serveurs destinés aux entreprises. C'est le début d'une véritable révolution qui a pris le monde informatique par surprise et qui bouleversera l'économie mondiale du prochain millénaire.

Les télécommunicateurs créent sans cesse de nouveaux produits, plus performants, pour permettre d'élargir la bande passante et le transfert d'informations multimédias et dynamiques.

**Figure 1.1**

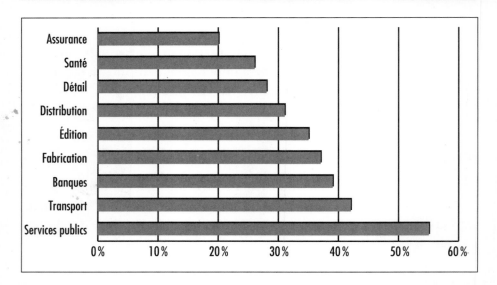

## LA PÉNÉTRATION DES INTRANETS SELON LE SECTEUR D'ACTIVITÉS

Source : http://www.techweb.cmp.com, données américaines de 1997.

Enfin, le commerce mondial se réinvente grâce aux extranets avec l'avènement des sites Web transactionnels et le commerce interentreprises.

**DÉFINITION** 1015. WEB SITE

**site Web n. m.;**

**site W3 n. m.**

**Site Internet où sont stockées des données accessibles par le Web.**

**Cinq facteurs d'influence en faveur des intranets :**

1. Les clients exigent un service plus rapide qu'auparavant.

2. Les clients veulent débourser moins pour les mêmes produits et services.

3. Les clients refusent les compromis en matière de qualité.

4. Les affaires n'ont plus de frontières.

5. Tous les repères ont changé et les règles ne sont plus les mêmes.

Source : adaptation libre de Mellanie Hills, *Intranet Business Strategies*, 1997, p. 24.

## QU'EST-CE QU'UN INTRANET ?

Un intranet est la mémoire d'une entreprise ou d'une organisation. C'est le reflet de son fonctionnement, de ses processus de travail, de ses réflexions, de son dynamisme et de ses buts. (L'intranet est le lien qui conduit l'entreprise à la connaissance et à l'intelligence des ressources que constituent son capital humain.)

Afin de distinguer l'utilisation du réseau public Internet de son utilisation à l'interne par les entreprises, le terme « intranet » voit le jour en 1994. Intra signifie « à l'interne » et Net est la traduction de réseau en anglais.

Le mot « intranet » est adopté d'emblée par le monde informatique pour désigner un réseau privé qui utilise le protocole TCP/IP.

Les intranets constituent à présent une solution intéressante aux problèmes d'incompatibilité de technologies. Avant l'arrivée de TCP/IP, une entreprise qui optait pour un système informatique se retrouvait liée à un fournisseur spécifique et dépendait de la capacité du fournisseur à répondre à ses besoins futurs. Cela signifiait qu'elle se trouvait en vase clos et qu'elle ne pouvait pratiquement pas bénéficier des avantages des autres plates-formes. De plus, l'adaptation des applications informatiques au contexte de l'entreprise exigeait d'importants investissements en matériel et en personnel.

Les entreprises ont maintenant un moyen de s'affranchir des systèmes informatiques dits « propriétaires », c'est-à-dire fonctionnant dans un cadre restrictif, avec des forces, des faiblesses, des contraintes et des langages spécifiques. L'entreprise n'a pas à privilégier une plate-forme spécifique (par exemple Windows, Unix ou Macintosh) au détriment d'une autre.

Le HTML (qui signifie HyperText Markup Language) est un langage « ouvert », sans propriétés exclusives, c'est-à-dire qu'il fonctionne sur toutes les plates-formes. Ce langage rend l'information lisible par tous les types d'ordinateurs, pourvu que l'information soit lue par le biais d'un logiciel décodeur appelé navigateur ou fureteur, dont les plus connus sont Navigator et Communicator de la compagnie Netscape ou encore Internet Explorer de Microsoft.

Pour les grandes entreprises et celles qui possèdent déjà un réseau d'ordinateurs reliés entre eux, l'adoption du protocole TCP/IP permet donc d'élargir les possibilités du réseau informatique de base. Pour les petites et moyennes entreprises qui n'ont pas encore de réseau informatique, TCP/IP représente une occasion en or de se doter d'une infrastructure très performante pour une fraction du coût des systèmes propriétaires.

### Les logiciels s'intranisent...

Flairant la bonne affaire, la plupart des constructeurs de logiciels ont rapidement greffé des fonctions « compatibles Internet, intranet » à leurs produits. De nombreux logiciels ont connu ainsi une seconde vie grâce à leur amélioration à l'intention des consommateurs.

Les fournisseurs de solutions d'entreprise et de collecticiels ont saisi l'occasion d'enrichir les possibilités offertes et ont conquis de nouveaux marchés en allongeant le cycle de vie de leurs produits.

D'autres entreprises ont tiré profit du problème de la sécurité des informations en fournissant des barrières à l'intention des intrus qui seraient tenter de s'immiscer sans invitation dans le réseau privé de l'entreprise. Ces barrières portent le nom de cloisons pare-feu, murs **coupe-feu** ou encore *firewalls* en anglais et ont également pour rôle d'empêcher l'information sensible et stratégique d'être divulguée volontairement ou non à l'extérieur de l'organisation.

**DÉFINITION** 253. FIREWALL ;
INTERNET FIREWALL

**coupe-feu n. m. ;**
**garde-barrière n. m.**

**Dispositif informatique qui permet le passage sélectif des flux d'information entre un réseau interne et un réseau public, ainsi que la neutralisation des tentatives de pénétration en provenance du réseau public.**

## UN INTÉRÊT GRANDISSANT

La popularité des intranets s'explique en grande partie par leur capacité à soutenir les entreprises et à répondre aux nouveaux besoins d'affaires. La concurrence est féroce sur le marché mondial et, pour survivre, il faut changer plus rapidement que son concurrent tout en offrant de meilleurs services.

L'intranet répond aux besoins de communication, de partage, d'efficacité et de souplesse d'une entreprise. Il soutient adéquatement l'ensemble des activités et procure un maximum d'avantages pour un minimum d'inconvénients. Pour ces raisons, il est considéré comme un avantage stratégique indéniable. Mais plus encore, l'intranet est également le pilier du commerce électronique qui s'établit de plus en plus entre les entreprises. L'intranet se transforme en extranet pour les partenaires, les fournisseurs et les clients privilégiés. La combinaison intranet-extranet serait-elle enfin la solution d'intégration tant recherchée ?

Les Américains ont une longueur d'avance sur nous sur le plan des intranets, mais le Québec progresse rapidement. La toute première étude mesurant l'effet des intranets sur les entreprises a été faite à la fin de 1997. Les résultats jetteront certainement un éclairage plus personnalisé sur les conséquences des changements amorcés par les intranets sur la productivité et la culture incluant la langue propres aux entreprises et organisations québécoises.

### Les intranets québécois sous les projecteurs

**SOUS LES PROJECTEURS**

Pour le compte de Bell Canada et en collaboration avec le CEFRIO et le CEVEIL, une équipe de chercheurs de la chaire Unesco-Bell de l'UQAM a effectué une enquête portant sur l'effet des intranets sur la productivité et la culture des entreprises québécoises. Analysant sept organisations de tailles variées, les chercheurs ont découvert d'intéressantes différences avec les intranets des entreprises américaines. Les résultats seront publiés à l'été de 1998.

## TOUT LE MONDE EN PARLE : EST-CE VRAIMENT SI BON ?

Les entreprises installent des intranets pour une foule de raisons. Que ce soit pour mieux communiquer, pour diminuer les coûts d'impression de mesures administratives, pour stimuler les échanges et la collaboration entre collègues, pour encapsuler la connaissance et l'expertise des employés, pour améliorer leur service à la clientèle, pour optimiser leurs coûts de production, les entreprises qui choisissent de mettre en place un intranet le font parce qu'elles en récoltent des bénéfices.

Alors que certaines entreprises détectent rapidement les avantages et passent en mode proaction, d'autres attendent d'être obligées de réagir sous peine de voir leurs clients faire appel à d'autres fournisseurs. Chose certaine, l'implantation d'un intranet débouche toujours sur une révision des façons de faire et sur une redéfinition des priorités. Parfois, la mise en place de l'intranet est l'occasion de revoir les relations avec le personnel, les partenaires, les clients, les fournisseurs. L'entreprise en profite pour sonder les besoins en profondeur et se repositionner par rapport à ses objectifs d'affaires et à ses concurrents.

Pour certaines PME, ce processus peut même s'apparenter à la réflexion nécessaire à un plan d'affaires stratégique ou à une réingénierie.

### TechNet inc., une entreprise fictive mais qui pourrait ressembler étrangement à plusieurs PME

TechNet rédige des manuels d'utilisation pour des logiciels et emploie plusieurs pigistes dont elle coordonne le travail à distance. Grâce à son intranet, l'entreprise gère un ensemble important de mandats qu'elle redistribue à des sous-traitants par le biais du courrier électronique et d'Internet. Il n'y a qu'une seule version du travail en cours, placée sur le serveur de l'entreprise. Des **groupes de discussion** et d'échange permettent aux collaborateurs de communiquer entre eux et d'échanger sur les aspects significatifs de leur travail. Les dossiers des clients sont accessibles par un mot de passe. Au moment des offres de service, le président de TechNet se déplace avec son ordinateur portatif et peut en tout temps se brancher sur les

27

démonstrations offertes sur le serveur de l'entreprise. Les clients peuvent ensuite accéder aux versions préliminaires et aux maquettes pour les approuver en se branchant sur l'intranet de l'entreprise. Finis les délais de messageries (et les coûts aussi) puisque les clients impriment eux-mêmes, à leur choix et à leurs goûts, ce dont ils ont besoin. Terminée l'attente d'une approbation en vitesse. Le client peut approuver le travail chez lui de jour, de soir et même de nuit...

**DÉFINITION** 219. ELECTRONIC DISCUSSION GROUP ;
DISCUSSION GROUP ;
INTEREST GROUP ;
FORUM ;

**groupe de discussion n. m. ;**
**forum électronique n. m. ;**
**forum de discussion n. m. ;**
**forum thématique n. m.**

**Regroupement d'internautes qui utilisent Internet pour échanger en différé des propos sur un sujet commun.**

Les intranets amènent la plupart du temps des changements fort positifs. Ils procurent deux types de bénéfices aux entreprises. Les premiers sont concrets et quantifiables et les seconds peuvent jouer un rôle crucial bien qu'ils soient plus difficiles à cerner. Adapté du livre de Mellanie Hills, *Intranet Business Strategies,* pages 29 à 31, le tableau suivant présente les principaux bénéfices qu'apporte la mise en place d'un intranet.

## TABLEAU 1.1 INTRANET : BÉNÉFICES TANGIBLES ET INTANGIBLES

| BÉNÉFICES TANGIBLES | BÉNÉFICES INTANGIBLES |
|---|---|
| Rapide, facile et relativement peu coûteux à mettre en place | Optimise la communication |
| Facile d'utilisation pour tous les utilisateurs | Fournit l'accès à de l'information pertinente et de qualité |
| Fait gagner du temps et économiser de l'argent | Encapsule la connaissance et l'expertise |
| Optimise l'efficacité opérationnelle | Permet le partage de l'information |
| Bâti sur des standards ouverts sur le plan technologique | Facilite la collaboration |
| Permet la connexion et la communication entre des plates-formes distinctes | Améliore la qualité de vie au travail |
| Procure un sentiment de contrôle de l'information aux utilisateurs | Suscite la créativité et l'innovation |
| Flexible, il s'ajuste à l'organisation | Augmente le degré de satisfaction des employés |
| Permet l'utilisation du multimédia et de l'interactivité | Augmente le sentiment d'appartenance des employés |
| Maximise les coûts des applications et des infrastructures informatiques | Stimule le sentiment de fierté des membres de l'organisation |
| Génère des hausses de productivité | Fournit de nouvelles occasions d'affaires |
| Maximise le capital humain | Permet la transaction de nouvelles alliances et de nouveaux partenariats d'entreprise |
| Améliore le service à la clientèle | |

### 2100 têtes valent mieux qu'une

Booz-Allen & Hamilton est une entreprise de consultation et de gestion en technologies de l'information
basée en Virginie, aux États-Unis. L'entreprise a créé
son intranet au début de 1995 dans le but de conserver l'expérience de ses employés et de mettre à profit
leurs connaissances. On voulait créer un lieu d'échange pour les 2100 employés de
l'organisation, répartis dans plusieurs pays et régions géographiques distinctes. Les
effets ont été quasi instantanés et très importants : hausse du sentiment de fierté,
amélioration de la collaboration, hausse du chiffre d'affaires du fait que de nouvelles occasions d'affaires étaient plus faciles à découvrir, reconnaissance des
employés, meilleure représentation et meilleure utilisation des ressources
humaines, etc.

L'entreprise peut faire appel à un bassin de 2100 employés pour mener à bien ses
mandats. Cette situation a même donné lieu à une nouvelle forme de travail de
collaboration. Pendant qu'une équipe termine sa journée le jour à New York, aux
États-Unis, une autre commence la sienne à Tokyo, au Japon. Grâce à une seule
version d'un projet, chaque équipe peaufine et améliore le travail de l'autre. On
maximise les efforts et le temps. La communication par courrier électronique fait en
sorte de diminuer les coûts de messagerie, de télécommunications et de transport
puisque l'information est accessible en tout temps par les postes de travail.

### Quand la fin justifie les moyens

Cypress Semiconductor a un intranet auquel accède l'équipe
de vente. Outre le catalogue électronique de l'entreprise,
certaines données sensibles sont également offertes. L'idée
d'utiliser cette stratégie n'est pas venue tout de suite aux
dirigeants de Cypress ; ils ont adopté l'idée après s'être
aperçus que les vendeurs de l'entreprise constituaient plus
de 30 % des visiteurs du site Web... La raison invoquée par ces derniers ? La version
électronique du catalogue était à jour...

## L'ENVERS DE LA MÉDAILLE

Toute médaille a forcément son revers et les intranets n'échappent pas à cette règle. Bien que les avantages surpassent largement les désavantages, quelques enjeux méritent d'être examinés de plus près.

### La perte de contrôle du processus

Puisqu'un intranet peut se construire rapidement avec des moyens limités, la direction d'une entreprise — particulièrement dans le cas de grandes entreprises — risque de perdre le contrôle du processus de développement ou de la diffusion de l'information, si elle ne manifeste pas son leadership et si elle n'est pas suffisamment proactive. Il importe donc qu'elle s'assure que le développement de l'intranet s'inscrit dans une démarche globale et correspond aux objectifs et aux stratégies de l'entreprise.

### La sécurité de l'information

Il est important de prévoir un calendrier de réalisation adéquat, en évitant la précipitation pour que l'entreprise ne soit pas victime d'erreurs d'accès à l'information stratégique pendant la période de rodage. Une bonne planification du déploiement de l'intranet peut contribuer à minimiser les risques et à détecter rapidement les problèmes potentiels.

### Le manque de préparation de l'entreprise

Les intranets favorisent le partage de l'information. Toutes les entreprises ne sont pas forcément prêtes à cette réalité. Spécifiquement, les PME fortement hiérarchisées peuvent trouver difficile l'adoption de nouvelles façons de faire. La culture de l'entreprise joue un rôle crucial dans l'accueil réservé à l'introduction de l'intranet. Le temps, la sensibilisation, la formation préalable et la concertation peuvent toutefois faciliter l'implantation dans une organisation plus fermée.

## Le surplus d'information

Pour une organisation, le surplus d'information peut s'avérer aussi néfaste que la pénurie. Il est judicieux d'effectuer une sélection et une mise à jour de l'information placée sur l'intranet de l'entreprise puisqu'elle n'est pas forcément pertinente et essentielle. Une attention particulière doit être apportée à la structure de l'information de même qu'à son emplacement. Au cours des prochaines années, la mise au point d'agents intelligents, ces petits robots qui vont partir à la recherche de l'information recherchée, court la chance de jouer un rôle de premier plan.

## La perte de productivité temporaire

L'introduction d'un nouvel outil requiert du temps pour que les employés puissent se l'approprier et l'intégrer à leurs habitudes de travail. Ce délai peut occasionner des pertes de productivité pour les entreprises, mais tend normalement à être compensé par les économies et les avantages importants que procure une meilleure circulation de l'information.

## Les coûts et les frais cachés

Un des principaux avantages de l'intranet est qu'il rapporte rapidement par rapport à l'investissement. Cependant, le recours à des technologies encore en évolution, l'engorgement des réseaux occasionné par une forte demande, le changement d'habitudes liées aux processus de travail et le temps requis pour optimiser l'utilisation d'un intranet peuvent s'avérer des facteurs générateurs de coûts cachés. L'expérience nous apprend qu'il faut y investir les ressources et les efforts suffisants pour assurer la formation adéquate des collaborateurs concernés. Le suivi serré du budget de création et la prévision des barrières technologiques peuvent toutefois contribuer à limiter les risques de dépassement budgétaire.

## QUAND LES INTRANETS S'OUVRENT SUR L'EXTÉRIEUR

L'extranet est un privilège, une permission d'accès octroyée aux parte-naires d'affaires d'une entreprise. C'est un peu comme lorsque vous con-fiez les clés de votre maison à un membre de votre famille pendant votre absence. Cette personne peut venir arroser vos plantes, nourrir votre chat et parfois demeurer chez vous à certaines conditions. L'intranet d'une entreprise est normalement restreint à ses employés, mais par souci d'efficacité, l'entreprise peut en ouvrir certaines sections à des clients ou à des fournisseurs.

**Figure 1.2**

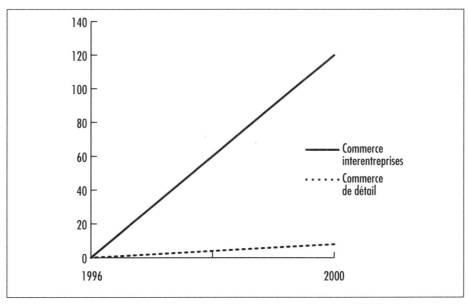

**INTERNET : C'EST ENTRE LES ENTREPRISES QUE ÇA SE PASSERA**

Valeur des transactions en milliards de $US

Source : fondé sur un ensemble de prévisions parues dans *The Economist,* 10 mai 1997, p. S4.

Dans certains cas, l'extranet permet l'approvisionnement automatisé en « juste à temps » grâce à l'accès à l'inventaire des produits de l'entreprise par le fournisseur. Celui-ci peut connaître en tout temps le niveau de stock des fournitures nécessaires à la production et ajuster son approvisionnement en conséquence.

Les entreprises réalisent des économies substantielles à la suite de l'instauration de systèmes d'approvisionnement automatisé. On remarque, entre autres, une réduction du délai d'approvisionnement, de la taille des inventaires et une baisse significative des coûts d'entreposage.

### Wal-Mart, un succès bâti sur une gestion serrée des stocks

Une très grande partie de la réussite de Wal-Mart est imputable à son extranet, c'est-à-dire à un réseau informatique permettant de mettre à la disposition des fournisseurs l'information commerciale dont ils ont besoin pour prendre des décisions qui serviront leurs intérêts et ceux de la chaîne de grands magasins. À titre d'exemple, les lecteurs optiques installés aux caisses de tout Wal-Mart recueillent automatiquement les données relatives à la vente de chaque produit ; ces données sont transmises par la voie électronique aux fournisseurs de Wal-Mart, lesquels établissent eux-mêmes les quantités à expédier et le moment d'envoi de la commande à chaque succursale.

Le géant de la vente de détail est donc en mesure de réduire ses coûts de gestion, de minimiser ses frais d'inventaire et, en bout de ligne, de baisser les prix payés par le consommateur, parce que, en fait, ses partenaires font une bonne partie de son travail à sa place...

### Cyberavocats, cybernotaires...

Internet s'avère une mine d'or pour les professionnels du monde juridique. Outre la jurisprudence et les publications gouvernementales, la Société québécoise d'informations juridiques (SOQUIJ) propose aux membres de la communauté juridique un site Web très intéressant, www.soquij.qc.ca, qui donne, entre autres, accès aux banques en ligne de l'organisation. Par l'intermédiaire de son site Web, la SOQUIJ donne accès à des services transactionnels qui s'apparentent à une forme d'extranet puisqu'il faut être membre pour en bénéficier.

Pour Martineau Walker, un des plus importants cabinets juridiques de Montréal, l'intranet est l'outil qui permet aux avocats et juristes de travailler plus rapidement et plus efficacement. En effet, le personnel peut accéder à la documentation spécialisée, prendre connaissance des pratiques de l'entreprise, consulter les publications internes.

Notarius est, quant à lui, le nom du système d'information que s'est donné la Chambre des notaires du Québec pour mieux répondre aux besoins de ses membres. Sur la base d'une formule d'abonnement, les notaires peuvent accéder, grâce au réseau Internet, à toute l'information pertinente et à de nombreuses bases de données juridiques spécialisées. De leur bureau ou même de leur domicile, les notaires peuvent effectuer des enregistrements de propriétés, consulter le registre des entreprises, celui des testaments et mandats, etc.

## UNE AUTRE FORME DE COMMERCE

Il devient de plus en plus difficile de distinguer l'extranet du commerce électronique interentreprises. En effet, les deux notions tendent à fusionner. Dans le but d'améliorer leurs communications, des partenaires d'affaires se donnent mutuellement des droits d'accès à certaines sections de leur intranet avec pour résultat que la frontière devient très mince entre ce qu'on appelle extranet et EDI pour Échange de données informatisées ou encore, le commerce électronique.

Il n'y a pas que les entreprises privées qui utilisent ce mode de communication d'affaires. Les institutions publiques et gouvernementales y voient déjà de grands avantages. La Commission de la santé et de la sécurité du travail (CSST) a inauguré son extranet (module de commerce électronique) en février dernier. Elle est la première institution québécoise à placer son contenu sur la grande inforoute. D'autres institutions lui emboîtent déjà le pas. C'est le cas de certains ministères, notamment celui de la Santé qui sera branché d'ici la fin de 1999.

### De l'extranet au commerce électronique

La CSST, un organisme du gouvernement du Québec chargé d'administrer la Loi sur les accidents du travail, a créé un extranet qu'elle rend accessible à l'ensemble des employeurs du Québec. Au moyen d'un abonnement mensuel établi en fonction du nombre d'accidents, un employeur peut consulter son dossier CSST en utilisant la technologie Internet.

Par le biais d'une ligne spéciale sécurisée fournie par le consortium formé notamment par la Banque Nationale, le Mouvement Desjardins et Bell Canada, l'extranet lui fournit tous les renseignements dont il a besoin pour suivre l'évolution de ses employés accidentés. Le dossier est construit à partir de la base de données centrale de la CSST, ce qui fait que l'employeur et l'agent d'information de la CSST ont la même version du dossier.

### EDI et extranet

Toujours à la CSST, il existe actuellement un projet pilote dans la région de Saint-Hyacinthe qui relie la CSST, les hôpitaux et les cliniques médicales privées. Grâce à l'échange informatisé des renseignements (EDI), la CSST est avisée très rapidement des accidents qui ont lieu en milieu de travail. Comme en témoigne Pierre Bois, responsable du projet à la CSST : « Nous avons réduit notre délai de manière incroyable. Il pouvait auparavant s'écouler jusqu'à 70 jours avant que nous sachions qu'un employé avait eu un accident. Entre le moment où il se blessait et celui où nous recevions tous les papiers médicaux officiels, le délai était considérable, en partie parce que chaque organisation avait son propre système d'information. Avec le projet H280, nous savons en moins de 24 heures qui a été blessé et pour quelle raison. Nous n'avons pas besoin d'attendre de recevoir tout le dossier pour agir et prendre contact avec le travailleur. Ainsi, nous sommes en mesure de permettre à cette personne de recevoir tous les soins requis pour qu'elle puisse réintégrer son emploi dans les meilleurs délais. »

## PAS DE RECETTE MAIS PLUSIEURS INGRÉDIENTS

Il y a autant de raisons de se doter d'un intranet qu'il y a d'enjeux pour une entreprise. L'intranet est un outil de gestion, de communication et de diffusion au service de l'entreprise. Il peut améliorer et contribuer à résorber certains problèmes liés notamment à la gestion de l'information. Mais il est surtout un lieu d'échange pour l'ensemble des membres d'une organisation et doit répondre à leurs attentes. Plus que tout, l'intranet doit être perçu comme un « plus » pour les employés.

**Votre entreprise gagnerait-elle à créer son intranet ?**

Si vous acquiescez à une ou plusieurs des questions suivantes, l'intranet pourrait s'avérer une solution intéressante pour votre entreprise.

- Votre entreprise compte-t-elle sur un grand nombre de fournisseurs ?
- Votre entreprise s'approvisionne-t-elle selon les principes du « juste à temps » ?
- Le domaine d'activité de votre entreprise nécessite-t-il l'usage de technologies ?
- Vos affaires couvrent-elles un large territoire géographique ?
- Vos employés comptent-ils pour une grande part de votre capital ?
- L'expertise et la connaissance constituent-elles des données stratégiques pour le développement futur de votre entreprise ?
- Votre entreprise est-elle engagée dans un processus d'assurance qualité ?
- Faites-vous des affaires avec le gouvernement ?
- La recherche et le développement sont-ils importants pour votre entreprise ?
- Votre entreprise a-t-elle subi des restructurations ?
- Votre entreprise croît-elle rapidement ?
- Détenez-vous une avance sur vos concurrents ?
- Le travail d'équipe est-il essentiel à l'exploitation de votre entreprise ?
- Avez-vous des alliances ou des partenariats stratégiques avec d'autres entreprises ?

## UNE ÉTAPE DÉTERMINANTE : LA PLANIFICATION

Comme tout projet d'entreprise, la mise en place d'un intranet ne s'improvise pas ; elle se planifie minutieusement. La révision de grands pans de l'entreprise amène inévitablement des questionnements et des changements qui peuvent influer sur sa capacité concurrentielle et ses objectifs d'affaires à court, moyen et long termes.

### Reconnaître les besoins pour mieux répondre aux attentes

Si la technologie peut en rebuter plusieurs, elle peut s'avérer une motivation sans faille pour d'autres. Cet enthousiasme peut même constituer un point décisif en ce qui concerne l'acceptation ou le refus du changement par les autres employés de l'organisation. Ces personnes hautement motivées sont considérées comme les agents de changement. Elles facilitent l'intégration des changements, le passage vers les nouvelles façons de faire et démontrent une ouverture et un intérêt débordant pour l'adoption de nouvelles technologies et la mise au point de nouveaux outils. Les agents de changement sont déterminants dans le succès ou l'échec de l'implantation d'un nouveau système de communication dans l'entreprise. Ils sont également des publics exigeants, parfois longs à satisfaire et surtout difficiles à reconquérir lorsque les avantages et les bénéfices tardent à venir ou ne sont pas à la hauteur des promesses de l'entreprise.

### Penser avant d'agir

Selon Raymond Charbonneau, directeur du service des technologies de l'information pour la papetière Domtar : « Il faut apporter à l'intranet la même importance qu'on apporte à tout autre projet d'entreprise. Il faut orienter le développement en fonction d'une vision d'ensemble car sans ça, on se retrouve avec des intranets "champignons" sans grande valeur. Ça demande beaucoup plus de planification et de discipline qu'on serait porté à le croire. »

Source : Extrait d'un article d'Alain Beaulieu, paru dans le magazine *Direction Informatique*, février 1998, p. 13.

Il peut s'écouler du temps avant de pouvoir mesurer les bénéfices que peut procurer un intranet. Les projets de nature technologique ont toujours des effets à la fois sur la productivité et sur la culture des entreprises.

À l'heure actuelle, nous savons qu'il est souvent préférable de privilégier l'implantation progressive de l'intranet par le biais de projets pilotes afin de familiariser les employés et d'introduire en douceur un changement.

La mise en place d'un intranet implique une redéfinition du rôle des outils. Il semble que les modifications aux habitudes de travail et au contexte d'emploi soient beaucoup mieux réussies lorsque les acteurs de la scène ont été informés et ont participé dès le départ au processus. Ainsi familiarisés, les employés se sentent concernés et accueillent favorablement le nouvel outil de travail. De plus, le fait de consulter les intervenants permet à l'entreprise de prendre en compte les besoins et de prévoir les freins potentiels à l'implantation d'une nouvelle technologie.

La connaissance des besoins réels et des attentes peut jouer un rôle crucial comme en témoigne l'exemple ci-dessous.

### Une question de satisfaction

Si l'intranet de l'usine Domtar de Windsor est très apprécié des utilisateurs avec plus de 27 000 visites en 1997, Manon Côté, directrice des communications de l'entreprise, estime pour sa part que la satisfaction de toutes les attentes des employés a constitué un plus grand défi que l'acceptation de l'intranet lui-même.

« Les employés trouvaient que ça n'allait pas assez vite. C'est encore plus vrai quand on compte parmi ces derniers des internautes aguerris. Et quand on fait une implantation progressive, comme ce qu'on a fait, ça ne va jamais assez vite pour ces gens-là. C'est un beau problème qui n'en est pas vraiment un. »

Source : Extrait d'un article d'Alain Beaulieu, paru dans le magazine *Direction Informatique*, février 1998, page 18.

## QUE RETROUVE-T-ON DANS UN INTRANET ?

Pour être adopté rapidement, l'intranet doit être utile à ses utilisateurs. Il y a autant d'intranets que d'entreprises. Chaque entreprise choisit son modèle. Certaines vont placer de l'information statique (manuels, politiques, documents, etc.) en premier, alors que d'autres favorisent d'abord l'échange dynamique d'information (branchement de bases de données, mise en place de groupes de discussion et d'échange) et alimentent graduellement ensuite l'intranet en contenus plus statiques.

Lorsqu'il est pleinement déployé, l'intranet est le miroir de l'entreprise et devient le cœur de l'organisation autour duquel tout gravite. À l'image de l'entreprise, l'intranet comporte de l'information de nature interne et stratégique, mais également de l'information publique destinée aux employés.

Dans bon nombre d'organisations, l'intranet est hybride, c'est-à-dire qu'il comporte des applications en langage HTML et fait appel à des logiciels de partage de l'information comme Lotus Notes. Cette situation s'explique par le fait que les collecticiels étaient déjà présents dans l'entreprise avant que les intranets utilisant le protocole TCP/IP deviennent aussi populaires. Ces intranets hybrides demeurent un choix populaire et intéressant.

D'autres préfèrent un intranet entièrement conçu à partir de la technologie Web et du protocole TCP/IP. Dans ce cas, les contenus sont « convertis » en langage HTML grâce à un logiciel. Par exemple, dans la version de Microsoft Word pour Office 1997, le convertisseur est intégré à l'application. L'utilisateur n'a donc pas à apprendre le langage HTML puisque le logiciel l'écrit de façon automatique.

## EXEMPLE DE CONTENUS D'UN INTRANET

**• Éléments de structure et de navigation •**

Page d'accueil

Procédure d'identification personnalisée

Guide d'utilisation ou aide

Moteur de recherche

Index ou carte du site

Menu et structure de l'information

**• Contenus •**

L'entreprise

Mot de la direction

Mission de l'entreprise

Objectifs de l'entreprise

Organigramme des services et dépistage des personnes responsables

**• Les ressources humaines •**

Manuel de l'employé

Répertoire téléphonique des employés

Offres d'emploi

Information sur la carrière

Calendrier des vacances et congés fériés

Formulaire de commentaires

Sondage de satisfaction

Programme d'assurance-groupe

Formulaires de réclamation d'assurance

Formulaire d'achat d'équipement de bureau

Comptes de dépenses

**• Politique d'utilisation d'Internet •**

La formation

Cours offerts

Calendrier des activités

Formulaire d'inscription

**• Les communications internes et externes •**

Journal d'entreprise

Publications officielles

Promotions internes

Boîte à suggestions

Concours

Babillards électroniques

Avis de nomination, promotion, départ, arrivée, retraite

Communiqués de presse et autres communications externes

Revue de presse

Rapport annuel

**• Ventes et marketing •**

Renseignements clients

Matériel promotionnel et publicitaire (brochure, catalogue, affiches, etc.)

Calendrier de production

Liste de prix

Principaux événements

Fiches d'information de produits et services

Service à la clientèle

Rapports de défectuosité

Rapports de ventes

• **Recherche et développement** •

Programme de R&D

Produits ou services en conception

• **Administration et finances** •

Processus d'assurance qualité ISO

Informations pertinentes

Budgets d'exploitation

Prévisions financières

Feuilles de temps

Facturation

Comptes fournisseurs

États financiers

Inventaire

• **Références** •

Bibliothèque

Manuels et procédures

Avertissements et mises en garde relatives au contenu et à la confidentialité

Mises en garde relatives à l'impression

Archives

Références à des sites externes

• **Gestion du site et aide à l'utilisateur** •

Mises à jour

Statistiques d'utilisation

Information sur le développement en cours

Référence ou personne-ressource en cas de problème

Référence ou personne-ressource responsable de la mise à jour

---

**• Groupes de discussion, groupes d'intérêt et forums d'échange •**

Ayant pour but de faciliter l'échange d'information et le recours à l'expertise interne, les groupes d'intérêt et les forums d'échange se font en mode dynamique. Ce sont des babillards où les intervenants peuvent poser des questions, recevoir des messages et faire circuler de l'information spécifique. Le contenu des babillards peut être indexé par mots clés et retrouvé par le moteur de recherche. Ainsi, la connaissance de l'entreprise se structure et s'intègre à son fonctionnement.

---

**• Bases de données dynamiques •**

De plus en plus, les intranets d'entreprises donnent accès aux bases de données de l'entreprise en temps réel. Cette tendance à dynamiser l'information va contribuer à rendre les intranets extrêmement populaires auprès des utilisateurs, car l'information accessible sera toujours la plus récente.

---

## LES FACTEURS DE SUCCÈS

Au même titre que n'importe quel autre projet d'entreprise, l'intranet a besoin d'un incubateur pour se développer. Les modèles de développement varient beaucoup d'une entreprise à l'autre. Dans les entreprises à fortes concentrations de professionnels en informatique et en ingénierie, l'intranet est souvent mis sur pied par la base et s'intègre progressivement à toute l'organisation. Dans d'autres entreprises, l'intranet est instauré par la haute direction qui en a vu la pertinence et qui veut en faire profiter toute l'organisation.

Il semble que la concertation joue un rôle important. Un comité de développement de l'intranet est la plupart du temps composé de représentants de tous les groupes et a pour mandat de veiller à l'implantation de l'intranet. C'est le comité qui détecte les besoins, approuve les requêtes spéciales, définit les politiques d'utilisation d'Internet, recommande l'élaboration de contenus spécifiques.

Il n'y a pas de recette pour la mise en place d'un intranet. Certaines entreprises consacrent de grands efforts en argent, en ressources matérielles et humaines et procèdent rapidement. D'autres investissent un minimum d'efforts et introduisent les changements petit à petit.

## QUELQUES ÉLÉMENTS ESSENTIELS AU SUCCÈS DE LA DÉMARCHE

Il semble toutefois que, pour assurer le succès de l'implantation, quelques éléments soient essentiels :

- la consultation auprès des employés afin de sonder les besoins et de vérifier les attentes pour y répondre ensuite adéquatement ;

- la mise en place d'un comité multidisciplinaire pour faciliter l'obtention d'un consensus ;

- l'engagement de la direction pour assurer la cohésion et la marge de manœuvre nécessaire ;

- la démonstration des bénéfices pour les utilisateurs par le choix de contenus significatifs;

- un temps de réponse rapide ;

- l'élaboration d'un échéancier d'implantation réaliste, respectueux des contraintes ;

- la mise en place d'un programme d'information et de formation pour les employés pendant la transition d'un système à un autre ;

- le recours à une implantation progressive lorsque les changements ont des répercussions considérables sur les processus traditionnels de travail ;

- la mise en place de séances d'information préalables à l'implantation ;

- une présentation agréable et invitante des contenus.

## QUELQUES-UNS DES FREINS POTENTIELS ET DES PIÈGES À ÉVITER

### Le manque de structure dans les contenus

Le surplus d'information peut s'avérer aussi dérangeant que la pénurie de renseignements pour les utilisateurs. La mise en place d'un intranet peut être comparée à un déménagement que l'on effectue après avoir habité plusieurs années au même endroit. Une entreprise qui se réinstalle dans de nouveaux locaux en profite normalement pour faire le ménage de ses archives, détruire l'information périmée ou sans intérêt, réorganiser son espace, etc. Créer un intranet nécessite le même travail, c'est-à-dire qu'il faut sélectionner l'information d'intérêt, la préparer adéquatement, la réviser, la transformer et la diffuser.

Une grande quantité d'informations sans structure peut mener à la frustration des utilisateurs qui ont alors le sentiment de perdre leur temps à chercher ce qu'ils avaient auparavant rapidement sous la main. La trop grande diversité et variété des formats de documents peut également causer un certain inconfort associé à un manque d'uniformité.

**Une erreur fréquente**

L'entreprise qui met sur pied un intranet devrait éviter de placer de l'information créée originalement pour être lue sur du papier, car les utilisateurs prennent l'habitude d'imprimer le document au lieu d'en faire la lecture à l'écran. Cela conduit à la surutilisation de papier et à l'engorgement du réseau, situation qui est à l'inverse de ce qui était voulu.

Recommandation : pour encourager la lecture à l'écran, il est souhaitable de diviser les documents en plusieurs petites sections visibles dans une fenêtre avec l'affichage normal de caractères de grosseur 12 ou 14 points.

### Privilégier l'apparence du contenant au détriment du contenu

L'information doit être utile et de « valeur ajoutée » pour les utilisateurs. Elle doit être bien structurée et facilement accessible. Fournir de l'information pertinente aux utilisateurs et utiliser l'intranet pour développer le potentiel des employés peuvent contribuer à son succès.

### Précipiter les actions sans faire une réflexion préalable

Comme toute technologie, il importe de choisir ce qui convient et de ne pas prendre nécessairement la voie la plus facile. La précipitation risque de mener le décideur sur un terrain glissant. L'implantation d'un intranet doit tenir compte de la réalité, des ressources accessibles, des priorités et des objectifs de l'entreprise. Le respect de la culture de l'entreprise et de son rythme d'évolution s'avère également un gage de succès. Une entreprise fermée au partage de l'information nécessitera une plus longue période d'ajustement qu'une autre qui fonctionne déjà en mode ouvert.

### Ordinateurs et sèche-cheveux

Dans le cadre d'un sondage réalisé par le Massachusetts Institute of Technology (MIT), on a demandé à un important échantillon d'Américains de nommer l'invention sans laquelle ils ne pourraient vivre. La réponse qui fut donnée le plus fréquemment? L'automobile, à 63 %. L'ordinateur venait très loin derrière, avec 8 %. Cela le portait à égalité avec... le sèche-cheveux et le plaçait quelque peu derrière le four à micro-ondes.

La situation pourrait changer. Mais comme le rapportaient voilà quelque temps les auteurs d'un rapport remis au premier ministre français sur les Autoroutes de l'information, « encore [faudra-t]-il que le multimédia soit aussi facile à utiliser qu'une télécommande de télévision, qu'un Minitel, ou qu'une console de jeu électronique ».

La complexité actuelle des ordinateurs explique que le plus grand nombre connaît peu ou aime peu l'informatique ; ainsi, selon un sondage mené aux États-Unis, 85 % de la population américaine hésite à utiliser les nouvelles technologies ou les fuit carrément.

On ne saurait sous-estimer l'importance de ce phénomène. Ainsi, une étude intéressante a été menée pour déterminer l'effet produit sur un utilisateur par différents types d'interfaces. On a demandé à deux groupes de sujets d'effectuer une transaction bancaire en se servant d'un guichet automatique.

Pendant que les membres du premier groupe pouvaient se servir d'un guichet doté d'une interface conviviale (*user-friendly*), les membres du second devaient utiliser un guichet « hostile » : pour faire un retrait, ils devaient, par exemple, suivre des instructions mal rédigées et réaliser sur le clavier du guichet une série d'opérations compliquées. Pendant l'expérience, les réactions physiques de chaque sujet étaient contrôlées à l'aide d'instruments sophistiqués. Selon les chercheurs, les sujets qui se sont servis de l'interface non conviviale ont présenté le genre de symptômes nerveux retrouvés habituellement chez une personne tombant sur un type louche dans une ruelle.

La crainte éprouvée par une personne face aux technologies de l'information sera l'un des déterminants les plus importants de l'utilisation qu'elle fera des ordinateurs. Ainsi, pour pouvoir prédire avec exactitude si un adulte utilise ou non un ordinateur personnel, il est deux fois plus utile de connaître son attitude face aux nouvelles technologies que son salaire, son niveau de scolarité ou encore son âge.

Si une large tranche de la population est technophobe et se fait tirer l'oreille, de nombreux problèmes sont aussi perceptibles du côté des convertis. Ainsi, le journal *Le Soleil* rapportait récemment qu'à cause de la complexité des ordinateurs, les usagers ne seraient en mesure d'exploiter qu'un maigre 3 % de leurs capacités totales. En fait, selon le directeur du marketing de la filiale canadienne de Microsoft, trois des quatre millions d'ordinateurs présents dans les foyers québécois et canadiens seraient entre les mains de personnes ne sachant pas vraiment comment les utiliser.

Une solution au problème consistera évidemment à se préoccuper du stress ressenti par les usagers face à une nouvelle technologie. Mais même dans ce cas, il n'y a pas de miracle. Une spécialiste de la question rapportait ainsi qu'à la fin d'un séminaire sur l'implantation d'une nouvelle technologie en milieu de travail, le tiers des participants, des cadres intermédiaires, avouaient être encore plus technophobes qu'avant.

Tiré de : *L'arrivée des inforoutes : occasion pour une nouvelle renaissance du français*, Conseil de la langue française, 1996[1].

---

1 Mémoire présenté à la Commission de la culture dans le cadre du mandat d'initiative portant sur les enjeux du développement de l'inforoute québécoise, 1996, www.clf.gouv.qc.ca.

### Inforoute et emploi

Quels seront les effets de l'arrivée des inforoutes et des nouvelles technologies sur la place occupée par les travailleurs de l'information dans l'économie qui se met en place? Beaucoup répondent de façon pessimiste à cette question. Considérant que 75 % des travailleurs de l'information se livrent en fait à des tâches que l'on pourrait qualifier de répétitives, Vassily Leontief, prix Nobel d'économie, a par exemple prédit que l'introduction d'ordinateurs de plus en plus sophistiqués mènera à l'affaiblissement progressif du rôle de l'être humain en tant que facteur de production. Tout comme le cheval a été remplacé par le tracteur, l'homme sera remplacé par la machine.

C'est ainsi que, selon certains pronostics, la pénétration accélérée de l'informatique dans l'entreprise pourrait mener à la disparition annuelle de 1 million à 2,5 millions d'emplois aux États-Unis. Dans une veine semblable, on prévoit que l'utilisation de plus en plus massive d'Internet au moment de l'achat de biens et de services aura un effet très négatif sur l'emploi. Les quatre exemples suivants tendent à le confirmer :

Selon Coopers & Lybrand, à cause de la multiplication des transactions électroniques, l'effectif de la succursale bancaire moyenne diminuera par exemple de 50 % d'ici 5 à 10 ans. La raison : il est beaucoup moins coûteux de gérer une banque électronique que d'exploiter un réseau de succursales bancaires physiques. Près de 70 % moins coûteux en fait (Bill Burnham, « The Internet's Impact on Retail Banking », *Strategy & Business, n° 3,* 1996, www.strategy-business.com). Cela explique que, d'ici trois ans, plus des deux tiers des banques américaines comptent notamment donner à leurs clients la possibilité de payer leurs factures par Internet.

Le Boston Consulting Group prévoit que le Web connaîtra une popularité telle, dans le domaine automobile, que le nombre de concessionnaires présents sur le territoire américain chutera à court terme de 22 000 à 10 000 — et que la plupart de ces 10 000 entreprises seront en grande partie de très grande taille (Evan Schwartz, « How Middlemen Can Come on Top », *Business Week,* 29 janvier, www.businessweek.com/premium/06/b3564027.htm). Chrysler estime pour sa part qu'en l'an 2000, le quart de ses ventes se fera par Internet (*Mesurer le commerce électronique*, document OCDE/GD(97)185, Paris, OCDE, 1997, p. 13).

Selon l'OCDE, www.oecd.org/publications/Pol brief, il en coûte entre 0,20 $ et 0,50 $US à un détaillant pour vendre un logiciel par l'entremise d'Internet; vendre le même logiciel par téléphone coûte au détaillant 5 $US; vendre le produit en boutique coûte le triple. Pas étonnant qu'une des chaînes de logiciels les plus importantes des

États-Unis, Egghead Software, ait récemment décidé de fermer l'ensemble de ses 80 boutiques pour consacrer ses énergies au développement de sa boutique électronique.

Déjà, il est possible à n'importe quel mélomane branché de visiter le site Web de l'Internet Underground Music Association et de télécharger, sur un disque compact ou une cassette numérique, les ballades de son artiste préféré. Quel sera le rôle des magasins de disques et des entreprises de distribution lorsqu'une telle pratique se sera généralisée ?

D'un premier coup d'œil, l'arrivée des nouvelles technologies et d'Internet pourra être bénéfique pour le consommateur ou pour quelques entreprises, mais elle sera impitoyable pour les travailleurs. Incapable de prouver sa valeur face à un nouveau prolétariat constitué de machines, le travailleur se fera tout simplement remettre « son 4 % ».

Une autre attitude face aux nouvelles technologies et aux inforoutes pourra cependant être adoptée. En effet, on peut considérer que leur avènement mènera à l'élimination de tâches aussi répétitives que le fait de remplir des formulaires de toutes sortes et servira de levier à l'intelligence des travailleurs, permettant à ceux-ci de s'engager dans des activités à valeur encore plus grande et donc mieux rémunérées.

Les changements qui se produiront dans l'industrie du voyage pourront permettre d'illustrer ce point de vue. À l'heure actuelle, les agents de voyage contrôlent 80 % du marché de la réservation de billets d'avion. L'arrivée des inforoutes, en donnant aux compagnies aériennes la possibilité de vendre chaque billet au client le plus offrant, sans intermédiaire — ce qui pourrait ainsi avoir un effet extrêmement positif sur leurs profits[2] —, pourrait mettre en danger un des principaux gagne-pain des agents de voyage.

Quoiqu'il soit parfois postulé que les agents de voyage deviendront une espèce en voie de disparition au fur et à mesure que les gens achèteront eux-mêmes leurs billets d'avion, on peut penser que la transformation du consommateur en concurrent les forcera à s'engager dans de nouvelles activités à valeur encore plus grande. Ainsi, pour survivre, les agents devront se transformer en véritables spécialistes du voyage

---

2 Salomon Brothers estime ainsi que l'adoption d'une telle stratégie pourrait provoquer une baisse de 25 % du prix des sièges, laquelle serait toutefois contrebalancée par une hausse de 67 % à 100 % du taux d'occupation des appareils. En 1995, cela aurait permis aux compagnies aériennes de réaliser des profits supérieurs de 200 % aux profits actuels.

et apprendre à exceller dans la collecte d'information touristique et la création de forfaits de plus en plus alléchants. L'informatique, après avoir chamboulé leur existence, deviendra leur alliée.

La question n'est donc pas de savoir si les inforoutes auront pour effet la destruction d'emplois : beaucoup seront perdus. La question est plutôt de savoir si le Québec sera en mesure de s'appuyer sur les autoroutes de l'information pour créer un nombre plus élevé encore de nouvelles places mieux rémunérées que celles perdues.

Source : Cette idée est approfondie dans *L'implantation réussie des inforoutes dans l'organisation québécoise : avant toute chose, une affaire de culture*, mémoire présenté par le CEFRIO et le CEVEIL à la Commission de la culture portant sur les enjeux du développement de l'inforoute québécoise, le 9 octobre 1996.

## LE MOT DE LA FIN

L'implantation d'un intranet nécessite du temps, de la réflexion et des ressources. Il semble que les avantages qu'il procure surpassent aisément les inconvénients.

Que l'intranet soit ou non la solution pour les entreprises du siècle prochain, il s'inscrit définitivement dans la gamme des nouveaux outils de gestion. Répondant à la fois aux besoins de communication, d'information, de stockage et de développement des entreprises, l'intranet peut contribuer au développement des PME et constituer un avantage décisif dans un contexte de concurrence mondiale. Mais cet avantage se matérialisera uniquement pour les entreprises qui démontreront une attitude proactive. L'entreprise de demain se planifie aujourd'hui.

Pendant que vous en avez encore le choix, pourquoi ne pas prendre le virage ?

# En être
# ou pas

*Un homme seul est en mauvaise compagnie.*
**Paul Valéry**

Après avoir pris connaissance de cette rapide présentation de la technologie de l'intranet et de l'extranet, le dirigeant d'une entreprise québécoise risque de s'interroger ainsi :

Est-ce que ce type d'outil représente un investissement rentable pour ma compagnie ? Compte tenu de la taille de mon entreprise, les coûts d'installation ne s'avéreront-ils pas disproportionnés en regard de bénéfices réels mais relativement minimes ?

**Figure 2.1**

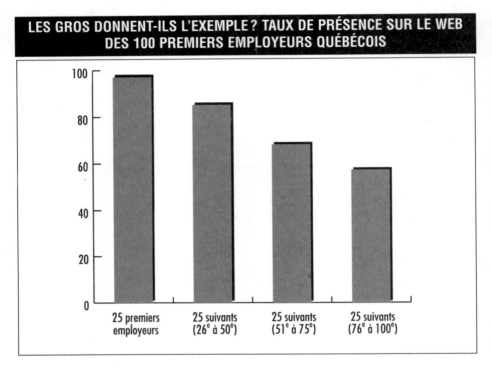

Source : Calculs du CEVEIL, à partir de la liste des 100 premiers employeurs québécois dressée par le journal *Les Affaires*, www.lesaffaires.com.

Avant de tenter d'apporter des éléments de réponse à cette question fondamentale, il convient, tout d'abord, de remettre les choses dans leur contexte en abordant le phénomène de la gestion et du repérage de l'information, puis de présenter quelques exemples d'utilisations d'instruments pouvant trouver place parmi les composantes d'un intranet ou d'un extranet.

**Vous ne préférez pas le golf?**

Les gestionnaires passent 17 % de leur temps à repérer l'information dont ils ont besoin. Six semaines par année.

## DU PAPIER AU NUMÉRIQUE

Après l'arrivée des premiers ordinateurs personnels, nombre d'entreprises et d'institutions sont passées de la production massive de documents[3] papier à celle de documents numériques — la gestion des fichiers remplaçant dès lors, en quelque sorte, le classement manuel dans des chemises par auteur, titre ou sujet. Outre le fait qu'il s'avère souvent plus simple, plus rapide et plus économique, de nos jours, de produire de l'information sous forme numérique que sur papier, la gestion électronique des documents est également beaucoup plus performante que la gestion papier traditionnelle.

En effet, la gestion électronique des documents permet de solliciter l'information à partir de n'importe lequel des termes figurant dans un document accessible en texte intégral. Dès lors, les clés d'accès sont multipliées : n'étant plus limité aux données « auteur », « titre » ou « sujet principal », comme dans un système de fiches cartonnées, l'accès au document recherché peut se faire à partir de sujets secondaires ou à peine évoqués, la date de parution du document en question par exemple. Conscientes de ces avantages, beaucoup d'entreprises vont jusqu'à

---

3 La notion de « document » englobe ici tous les textes qui sont produits par l'entreprise et qui constituent le savoir et le patrimoine de la compagnie : lettres, factures, soumissions, rapports annuels, etc.

enrichir leur banque informatisée de documents maison en y intégrant la version numérisée des documents papier importants reçus de l'extérieur — bilans comptables ou contrats divers —, et ce, en dépit des coûts de la numérisation[4]. Mentionnons, toutefois, que ces coûts ne cessent de décroître.

## GÉNÉRALISTE OU PERSONNALISÉ

Une telle surabondance de documents fait qu'il est devenu de plus en plus essentiel — et même impératif — de mettre au point des outils aptes à sonder rapidement et efficacement des liasses de textes électroniques pour trouver l'information recherchée. Actuellement, on distingue trois grandes méthodes de repérage de l'information, présentées ici selon un ordre croissant « d'intelligence ». Par :

- mots clés ;

- thèmes ou concepts ;

- l'utilisation du langage naturel.

### Les mots clés

Que signifie repérer un document par l'emploi de mots clés ? Cette méthode consiste à effectuer une recherche où l'on précise un mot ou un groupe de mots qui devra obligatoirement figurer au moins une fois dans le texte du document choisi. Ainsi, on inscrira « sirop d'érable » et on débusquera tous les documents qui renferment cette expression.

---

4 Numériser l'information par un code numérique. Il ne s'agit pas de « photographier » une image, un mot, tels quels, mais plutôt d'opérer une conversion que d'autres machines pourront interpréter à leur tour.

Ce type de recherche a le désavantage de repêcher un grand nombre de documents non pertinents, et ce, d'autant plus que les ressources examinées seront imposantes et variées. Ainsi, dans un gros corpus[5], on dénichera sans doute le document intéressant qui porte sur l'histoire des érablières au Québec ou celui contenant des statistiques sur les exportations mondiales de sirop d'érable, mais on obtiendra aussi tous les documents — qui risquent éventuellement d'être nombreux — où la locution « sirop d'érable » apparaît sans que le texte porte vraiment sur ce sujet — par exemple, on pourrait obtenir le CV d'un employé qui aurait travaillé quelque temps dans une entreprise de production de sirop d'érable, ou encore une liste de clients habituels parmi lesquels figurerait, entre autres, ce genre d'entreprise.

La recherche par mots clés présente un autre inconvénient majeur : elle échoue à repérer les documents pertinents où le sujet traité n'est jamais énoncé de la manière exacte employée pour formuler la question de recherche. Par exemple, l'on pourrait très bien imaginer un document juridique portant tout entier sur la notion de « conflit d'intérêts » sans que cette expression figure dans le texte.

### Les thèmes ou concepts

Chercher par thèmes ou concepts, c'est, précisément, repérer des documents qui traitent d'un sujet commun dont l'énonciation proprement dite peut varier. Ce type de recherche, plus sophistiqué que celui par mots clés, fait appel aux agents intelligents. On décrit à l'ordinateur, de façon compréhensible pour lui, ce qui intéresse l'utilisateur, en excluant les mots de même orthographe mais de sens différents — les homographes —, et en incluant les synonymes.

---

5 Ensemble de textes, de documents.

Par exemple, pour rechercher tous les documents relatifs à une police de protection contre le verglas, on éliminera le mot « police » aux sens de « police de sécurité urbaine », « police de caractères », « ordre public » ou « surveillance », et on élargira « police » à des synonymes comme « contrat », « entente » ou « produit de protection ».

### Le langage naturel

L'interrogation en langage naturel est la forme la plus conviviale. Elle permet à l'utilisateur de formuler des demandes à la machine exactement comme s'il s'adressait à un être humain.

Par exemple, on écrira : « Je désire des documents qui traitent du commerce du sirop d'érable au Québec et qui ont été rédigés il y a moins de deux ans ». Idéalement, l'ordinateur parviendra à reconnaître quelles sont les parties importantes de la phrase (« commerce », « sirop d'érable », « Québec » et « moins de deux ans ») et tiendra compte des renseignements fournis par la syntaxe. Tous les documents répondant aux exigences spécifiées seront alors repêchés.

## LA CONVIVIALITÉ

L'interrogation en langage naturel n'en est encore, hélas, qu'à ses balbutiements. Actuellement, l'ordinateur n'établit pas de liens de sens entre les différents mots recherchés, ce qui fait que ceux-ci, en pratique, ne constituent ni plus ni moins qu'une suite de mots clés. Toutefois, ce type d'outil peut déjà reconnaître quels sont les termes importants d'une requête, permettant ainsi de poser des questions en langage « ordinaire », ce qui est moins rébarbatif pour l'utilisateur que les modes d'interrogation par mots clés ou concepts.

Le choix de l'outil de recherche que l'on implantera dans un intranet ou un extranet constitue une décision d'importance, lourde de conséquences. Cet outil doit être à la fois efficace et convivial, sinon il ne sera pas utilisé et le réseau, avec toutes ses potentialités, demeurera une force inexploitée. Par ailleurs, il est important, surtout dans le contexte de l'extranet, d'assurer la protection de l'information stratégique de la compagnie. Si, dans une entreprise, un client potentiel demande des renseignements confidentiels, le réceptionniste ou le vendeur lui répondra que ceux-ci ne peuvent être divulgués. Dans un souci de cohérence avec la réalité, l'entreprise s'assurera donc d'offrir, à l'intérieur de son extranet, un outil de recherche qui ne signalera au demandeur que l'existence de l'information à laquelle ce dernier a la permission d'avoir accès.

## Chacun ses goûts

À l'intérieur des intranets et extranets, les outils de recherche prennent, bien souvent, la forme «d'agents intelligents», c'est-à-dire de programmes de recherche spécialisés permettant non seulement de dépister avec exactitude telle ou telle information à l'intérieur d'une banque de documents, mais également de repérer les documents semblables ou apparentés à ceux repêchés. Apte à effectuer des recherches dans plusieurs bases de données à la fois, l'agent intelligent extrait les renseignements qui respectent les critères de recherche spécifiés par son «maître», l'utilisateur[6]. L'agent peut chercher sans arrêt, pendant que les utilisateurs vaquent à d'autres occupations. Ceux-ci récupéreront les résultats de la recherche au moment qui leur convient le mieux.

Pour nous représenter ce qu'est un agent intelligent et quelle peut être son utilité dans un contexte commercial, imaginons-nous un vendeur qui, dans un magasin de chaussures, par exemple, aborde un client ainsi :

---

6 Puisque la collaboration de l'utilisateur est requise (il faut fournir à l'agent son profil de recherche, ses critères personnels, etc.), les agents intelligents sont parfois qualifiés, en fait, d'agents « semi-intelligents ».

« Cherchez-vous un modèle en particulier ? » Le client répond qu'il jette un coup d'œil, qu'il aime tel type de soulier, mais ne le voit pas. Le vendeur s'empresse alors de lui présenter un modèle qui ressemble beaucoup à celui décrit.

À partir d'informations obtenues sur les goûts du client, le vendeur a effectué une suggestion d'achat pertinente. Un agent intelligent procédera un peu de la même façon, par exemple lorsque viendra le moment de traiter les réponses recueillies, dans l'extranet d'une entreprise, sur un formulaire destiné à connaître les préférences des internautes venus consulter le catalogue des produits.

Si un internaute décide de ne pas acheter immédiatement, il pourra autoriser l'agent à lui adresser par courrier électronique d'autres suggestions lorsque ce dernier recevra de nouveaux produits — un peu comme si le client de notre exemple acceptait que le vendeur du magasin de chaussures lui fasse, par téléphone, d'autres propositions au moment de l'arrivée de nouveaux modèles de chaussures.

En outre, ce « vendeur virtuel » qu'est l'agent intelligent ne se contentera pas d'utiliser, pour faire des suggestions à un utilisateur, le profil de ce dernier, bâti au fil des interactions ; il exploitera également les profils de clients comparables. Établissant des corrélations entre les diverses réponses fournies, l'agent effectue des conclusions du type $A + B = C$. Par exemple, si A, un client, dit aimer les mocassins et B, un autre client, dit apprécier les mocassins et les bottillons, l'agent intelligent demandera à A si, par hasard, l'achat de bottillons ne l'intéresserait pas également... Une suggestion qui en vaut une autre !

 958. VIRTUAL

**virtuel adj.**

**Se dit d'un lieu, d'une chose, d'une personne, etc.,
qui n'existent pas matériellement mais numériquement
dans le cyberespace.**

**De bonnes suggestions**

Faire des suggestions pertinentes pour les utilisateurs ne constitue que l'une des fonctions de l'agent. En effet, en plus d'agir comme «vendeur virtuel», l'agent peut accomplir des tâches de «domestique virtuel». Un domestique humain peut effectuer, à la demande de son maître, des courses dans différents endroits — supermarché, pharmacie, fleuriste — d'où il ne rapportera que ce que ce dernier a réclamé : «ses» aliments, «ses» vêtements, «ses» fleurs.

L'agent intelligent va plus loin : il veut en faire toujours plus pour son maître, le surprendre. Il rapportera, outre la commande de départ, plusieurs produits supplémentaires se rapprochant de ceux demandés explicitement. Il correspond à un domestique qui, au supermarché par exemple, se procurerait non seulement les oranges désirées par son maître mais aussi des mandarines et des kiwis.

## DES AGENTS OU DES OUTILS DE RECHERCHE ?

En fait, ce qui différencie un agent intelligent d'un outil de recherche quelconque, c'est précisément «l'intelligence» de la recherche, soit la capacité pour l'agent d'enrichir le profil de l'utilisateur, au fil des séances. Tel un domestique connaissant à fond le profil des goûts de son maître —

par connaissance directe ou par analogie avec ceux d'autres personnes —, l'agent se risque à rapporter non seulement les éléments demandés mais également ceux qui s'en approchent. Un domestique connaît mieux les goûts de son maître au fil des jours et des commentaires qu'il récolte sur les produits proposés à ce dernier ; il enregistre ce que son maître aime ou non, perfectionne ainsi sa connaissance des goûts de celui-ci et parvient de cette manière à lui faire de meilleures suggestions.

Un outil de recherche ne peut procéder ainsi, puisqu'il ne construit pas le profil de recherche de l'utilisateur et ne fait pas de suggestions. Il ressemble plutôt à un commis de supermarché se limitant à présenter à un maître, privé momentanément de son domestique, des étalages de produits présentant des points communs. Tel ce commis, l'outil de recherche ne connaît pas les goûts de l'utilisateur et n'a pas pour rôle de le conseiller.

## TROIS GÉNÉRATIONS D'AGENTS

Il existe différents types d'agents, que l'on peut, ici aussi, hiérarchiser selon un ordre croissant « d'intelligence ».

Ceux de la première génération, soit les plus primitifs, se contentent, tels des domestiques niais, d'interroger les outils de recherche accessibles (dans l'intranet, l'extranet ou sur le Web), puis de fournir l'information recherchée en précisant le nom de l'outil où cette dernière a été repérée. C'est sur ce principe que fonctionnent les outils multimoteurs[7] offerts sur le Web ou que l'on installe directement sur son ordinateur.

---

7 Il s'agit d'un logiciel qui transmet la même demande de recherche à plusieurs moteurs, lesquels lui retournent l'information trouvée. Il traite alors l'information reçue et la transmet à l'usager. Nous verrons cette question plus en détail au chapitre suivant.

Un peu plus futés, les agents de la seconde génération visitent et trient eux-mêmes les documents, tels des domestiques qui oseraient quelques timides initiatives.

Enfin, un dernier groupe est formé par les agents les plus évolués, des domestiques qui, toujours en tenant compte des goûts de leur maître, prennent beaucoup d'initiatives et vont même jusqu'à faire des suggestions. Ce troisième type d'agent — évidemment le plus utile de tous — n'en est encore, toutefois, qu'à ses débuts.

## LA WEBDIFFUSION

L'emploi d'agents intelligents se révèle particulièrement profitable dans un contexte d'utilisation d'extranet à des fins commerciales. L'entreprise peut se servir du profil du consommateur, que les agents construisent au fil de ses visites, pour le solliciter par divers outils interactifs.

DÉFINITION · 1016B. WEBCASTING

**webdiffusion n. f.**

**Diffusion dans le Web de données qui sont envoyées automatiquement à l'utilisateur, d'une manière qui s'apparente à la télédifusion, et qui lui permet donc d'avoir un comportement qui se rapproche plus de celui d'un téléspectateur que de celui d'une personne qui recherche activement de l'information.**

Note. La webdiffusion est basée sur la technologie du pousser (*push technology*).

La **webdiffusion** (*webcasting*) est analogue au dépliant publicitaire distribué dans les boîtes aux lettres, sauf que cette publicité est opportune, étant autorisée par le destinataire. Cet adressage électronique se démarque en effet des dépliants traditionnels par son approche non contraignante et personnalisée. Il laisse le choix à l'utilisateur d'être avisé ou non, par courrier électronique ou par l'artillerie de la technologie du contenu programmé par l'utilisateur (**push**), de l'arrivée de produits se rapprochant de ses goûts ou intérêts. Le responsable de cette diffusion est une sorte de domestique bien élevé, qui demande si l'on accepte d'être dérangé par ses suggestions lorsque de nouveaux produits sont offerts. Ce type d'interaction entre le consommateur et l'entreprise a donné naissance à une nouvelle forme de commercialisation : le marketing individualisé ou, en anglais, le *one-to-one marketing*[8].

 **DÉFINITION** 774A. PULL TECHNOLOGY

**technologie du tirer n. f.**

**Technologie qui est utilisée actuellement dans le Web lorsque l'internaute recherche de l'information et qui exige de lui une démarche active par l'intermédiaire de son navigateur qui amènera ensuite vers lui le résultat de cette recherche.**

---

8 Lire à ce sujet Don Peppers et Martha Rogers, *The One to One Future*, New York, Doubleday, 1993.

**DÉFINITION** 774B. PUSH TECHNOLOGY

**technologie du pousser n. f.**

**Technologie qui est utilisée pour faire parvenir automatiquement de l'information à un utilisateur du Web, sans que celui-ci ait à en faire la recherche.**

En faisant usage d'agents intelligents, l'entreprise noue une relation individuelle avec un consommateur qui lui fournit de l'information sur ses goûts soit en effectuant un ou plusieurs achats, soit en remplissant une fiche. L'agent « écoute » ses réponses et lui fait ensuite des suggestions pertinentes. Avec les renseignements précis recueillis sur chaque client — ses achats, leur montant, leurs caractéristiques, leur fréquence —, cette forme de commercialisation permet de mieux connaître chacun des consommateurs, de communiquer avec lui pour mieux définir ses besoins et, même si cela est plus coûteux, de personnaliser ensuite les produits ou services.

Qui plus est, l'entreprise saura qui sont ses clients les plus fidèles et pourra les traiter avec plus d'égards. On peut procéder de cette manière sur un extranet pour les clients privilégiés de l'entreprise, ou fonctionner ainsi carrément dans Internet pour des publics plus larges. Ce type de marketing offre la possibilité de découper le marché en infimes segments, avec une précision jusqu'alors inégalée.

**Figure 2.2**

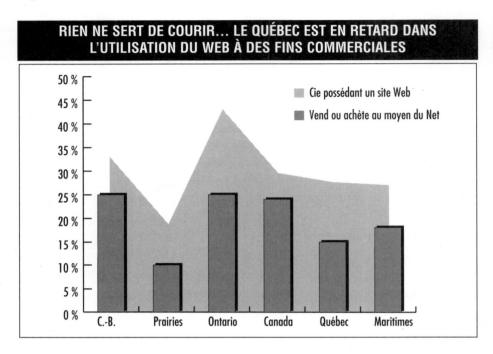

Source : *Report on Business Magazine*, février 1998, p. 13.

## LES AGENTS OU L'AUDIOTEX ?

Pour une entreprise, un agent peut donc servir à :

- trouver plus rapidement l'information désirée dans son intranet-extranet. Selon les critères fournis par les utilisateurs, l'agent filtrera la masse globale de renseignements, prenant soin d'éliminer les doublons ;

- diminuer les coûts du service de soutien technique à la clientèle. Par exemple, un agent peut être utilisé pour faire une recherche dans une vaste base de connaissances[9] renfermant les solutions de divers problèmes techniques, accélérant d'autant la rapidité de la réponse fournie par le préposé au service à la clientèle ou, mieux encore, permettant aux clients d'effectuer eux-mêmes des recherches ;

- augmenter les ventes. Selon les critères fournis par le client potentiel en visite dans l'extranet, l'agent forme des suggestions d'achat pertinentes.

Avec le libre-service d'information d'entreprise qu'ils permettent — renseignements généraux, liste de prix, soutien technique —, les agents informatiques détrôneront, dans certains cas, les systèmes d'information vocaux, ou audiotex. Au lieu d'appuyer sur les touches du téléphone qui correspondent aux renseignementss désirés parmi les choix offerts — ce qui, quand les choix sont trop nombreux, devient fastidieux —, l'utilisateur soumettra sa question aux agents informatiques verbalement ou au moyen de son clavier d'ordinateur, en langage clair. Il dira, par exemple : « Quelles sont vos heures d'ouverture ? » Des entreprises travaillent d'ores et déjà à bricoler des systèmes de ce genre, combinant reconnaissance vocale, agents informatiques et bases de connaissances.

## LE COMMERCE ÉLECTRONIQUE

L'extranet, voué à l'ouverture et aux échanges, ne peut que conduire au commerce électronique. Mentionnons d'entrée de jeu qu'il s'agit, pour l'instant, essentiellement de commerce entre entreprises. Le commerce avec des particuliers, en effet, semble ne constituer qu'une infime proportion des transactions commerciales effectuées dans Internet. Une compagnie qui s'adonne au commerce électronique entretient, en fait, des

---

9 Se dit d'une information structurée de façon à aider la résolution de problèmes en fonction d'une catégorie de problèmes spécifiques.

relations avec deux clientèles d'organisations distinctes : les clients ordinaires, membres de l'extranet, et les clients potentiels, venus d'Internet et non apparentés à l'entreprise.

Là aussi, il y a instauration d'une communauté virtuelle : le courrier électronique et les sites Web extranets, avec les moyens interactifs d'information qu'ils procurent — forums, foires aux questions, babillards —, contribuent à l'extrême rapidité des échanges et à l'abolition des frontières, rapprochant les intervenants en dépit des distances géographiques et des fuseaux horaires.

## LE SITE WEB EXTRANET

La communauté virtuelle d'un extranet s'étend au public en général, si l'un de ses sites Web donne accès, à partir d'Internet, à un catalogue de produits. Ici, nul besoin d'un mot de passe ou d'un chien de garde. Une entrée réservée aux non-membres de l'extranet, soit les clients potentiels, suffit. Le site ou sa portion qui contient le catalogue est donc délimité et protégé par des mesures de sécurité adaptées aux objectifs de communication.

Les gains de temps et les gains financiers pouvant éventuellement résulter de la pratique du commerce électronique sont tributaires en bonne partie, comme pour toute implantation d'intranet ou d'extranet, de l'utilisation d'outils efficaces de gestion de l'information.

### Les agents intelligents de Firefly

Les agents intelligents de la société Firefly, une entreprise fondée par la Belge Patty Maes, professeur au Massachusetts Institute of Technology (MIT), comptent parmi les outils informatiques les plus susceptibles à l'heure actuelle de favoriser la création de communautés virtuelles.

La mégachaîne de librairies Barnes & Noble a par exemple commencé à utiliser les agents de Firefly pour aider ses clients-internautes à choisir des ouvrages qu'ils devraient normalement apprécier. Le colonel Mustard indique d'abord à l'agent informatique qui le représente ce qu'il a pensé de divers livres (cela à l'aide de notes de 1 à 10). Le colonel reçoit ensuite des suggestions de lecture d'autant plus susceptibles de lui plaire qu'elles sont faites par l'agent sur la base des coups de cœur de clients ayant le même profil de lecture que lui (généralement le colonel et Mlle Scarlett aiment ou n'aiment pas les mêmes livres ; Mlle Scarlett a adoré *L'aliéniste* ; l'agent recommandera *L'aliéniste* au colonel Mustard). Plus important encore, Firefly permet au colonel Mustard de savoir qu'un autre client de Barnes & Noble est friand d'histoires de tueurs en série et d'entrer en contact avec ce dernier.

Dans une autre veine, Firefly est utilisé par l'Union européenne pour resserrer les liens entre chercheurs européens. Au moment de s'inscrire à un colloque, les chercheurs reçoivent une trousse Firefly à l'aide de laquelle ils font connaître au système informatique leurs principaux intérêts de recherche, leurs goûts culinaires ou cinématographiques, etc. Par exemple, des postes de travail disséminés sur les lieux du colloque permettent aux spécialistes de la reconnaissance de la voix friands de cuisine chinoise de repérer facilement les collègues qui partagent le même goût et de se réunir dans le meilleur restaurant chinois de Bruxelles.

Il en coûte de 10 000 $ à 100 000 $, selon le nombre de clients attendus, pour installer un système semblable à Firefly sur un site Internet.

Prenons le cas des clients attirés dans un extranet par un catalogue de produits offert sur le site Web à accès public. Si des dizaines de personnes se rendaient physiquement sur les lieux de l'entreprise pour obtenir de l'information, les employés devraient, pour réaliser des ventes, repérer précisément et rapidement les documents demandés : dépliant sur chaque produit, textes expliquant les procédés de fabrication, normes utilisées. Bref, toutes sortes de renseignements complémentaires pour l'aide à la décision d'achat. De même, lorsque des clients potentiels examinent un catalogue d'extranet, ils doivent pouvoir obtenir toute l'information supplémentaire qu'ils souhaitent, comme s'ils étaient présents en personne dans l'entreprise, au comptoir du service à la clientèle.

Les employés qui gèrent l'extranet doivent arriver à circonscrire cette information ou permettre aux clients potentiels de l'obtenir eux-mêmes grâce à un outil de recherche adéquat. Ils peuvent également prendre les devants en publiant sur le site Web les renseignements fréquemment réclamés, sous forme de documents ou de réponses à des questions dans une foire aux questions.

## L'INFORMATION COMMERCIALE

Par ailleurs, les intranets et extranets, tel que nous l'avons mentionné précédemment, peuvent être enrichis d'applications plus ou moins spécialisées destinées à répondre aux besoins spécifiques de l'organisation où ils sont implantés. On peut mentionner, à titre d'exemple, les outils de gestion de l'information commerciale (IC). Il s'agit de logiciels qui, à partir de bases de données, transportent l'information à utiliser et à analyser vers des applications stratégiques ou des applications d'autres groupes de travail et services.

Naguère, à partir d'une base de données de clients qui dressait un état des lieux, le vendeur ou le directeur du marketing produisait et imprimait lui-même des rapports. Sous forme de textes, de chiffres et de graphiques, les données consultées permettaient de découvrir les meilleurs clients de l'entreprise et le rendement de chaque vendeur : nouveaux clients, nombre de ventes, etc. Les différents vendeurs analysaient ces rapports pour adapter leur stratégie de sollicitation ou de marketing selon les résultats obtenus. Le même exercice pouvait être répété pour tous les autres services commerciaux : service à la clientèle, service des commandes, etc.

Avec les outils de gestion de l'IC, ce travail est effectué en moins de temps et de façon plus efficace. Ces logiciels, à la fois conviviaux et puissants, sont aptes à isoler les données susceptibles d'avoir des répercussions sur le rendement de l'entreprise. De plus, ils peuvent acheminer rapidement cette information aux cadres, sous une forme adaptée aux mécanismes décisionnels de ces derniers. Le service du marketing peut alors rapidement repérer les bons acheteurs et concevoir des stratégies pour attirer de nouveaux clients appartenant à cette catégorie. De plus, le personnel informatique, jadis affecté à la production des rapports, peut dès lors se concentrer sur l'amélioration des bases de données et la mise au point de nouvelles applications stratégiques.

## LE CLASSEMENT DE L'INFORMATION

Terminons ce rapide tour d'horizon des possibilités inhérentes aux intranets-extranets et aux sites Internet, par un autre exemple d'instrument pouvant s'y intégrer : le logiciel de tri automatique de documents.

Il est courant, de nos jours, de voir des entreprises, mêmes petites, littéralement submergées de curriculum vitæ reçus à la suite d'un appel de candidature ou tout simplement envoyés, à tout hasard, par des personnes en recherche d'emploi. En l'absence d'une gestion efficace, des curriculum valables risquent d'être égarés, perdus ou carrément jetés, ce qui fait qu'il s'avérera parfois nécessaire, par la suite, de lancer un nouvel appel de candidature, avec les dépenses que cela entraîne.

Pour tâcher d'éviter cette situation, une entreprise peut recourir à un programme de tri automatique de documents. Il lui faudra toutefois, pour cela, disposer d'une copie numérique de chaque CV reçu soit en exigeant que ceux-ci lui parviennent par courrier électronique, soit en acceptant les CV papier et en procédant à une numérisation subséquente. À partir des curriculum conservés dans l'ordinateur, un tel logiciel de tri produira, pour chaque emploi offert, deux piles virtuelles : une rassemblant les CV appropriés, et une autre contenant ceux qui ne conviennent pas.

Dans la première pile, le logiciel regroupera tous les CV qui renferment des mots clés programmés par l'entreprise. Par exemple, le candidat digne d'intérêt devra détenir un B. A. en sociologie, connaître Notes et, idéalement, Excel. En accomplissant le tri, le logiciel reconnaîtra comme équivalentes les expressions « baccalauréat », « B. A. » et « bac ». Par ailleurs, il ne rejettera pas la lettre d'un postulant qui ne connaît pas Excel, se contentant de lui affecter une pondération de pertinence un peu moins élevée.

### Trier, encore trier

Quelque 70 % des grandes entreprises nord-américaines, dont Motorola, Northern Telecom, Apple et Microsoft, recourent à des outils de gestion documentaire pour trier les CV qu'elles reçoivent. La façon dont les candidatures sont traitées avec ces logiciels ressemble un peu à ceci :

- un curriculum est reçu par la poste ou par télécopieur ;
- à l'aide de numériseurs *(scanners)* et de logiciels de reconnaissance optique *(OCR),* le texte est saisi électroniquement ;
- un module de gestion électronique extrait du texte des renseignements comme le nom du postulant, son adresse, les noms de ses employeurs précédents, les dates de début et de fin de ses emplois passés, ses habiletés, etc. ;
- le logiciel réorganise finalement l'information selon les spécifications de l'utilisateur, avant de vérifier s'il y a couplage entre le poste vacant et le chasseur d'emploi ; au moment de faire cette vérification, le système est en mesure de reconnaître que « baccalauréat », « bac » et « B. A. » sont des expressions équivalentes ou qu'une candidate connaissant Lotus devrait sans doute être prise en considération, même si, idéalement, la personne recherchée devrait connaître Excel.

Les meilleurs systèmes évaluent environ 300 000 CV en six secondes. On estime aussi que leur utilisation permet de mieux rentabiliser chaque offre d'emploi puisque, lorsque le tri des curriculum est fait manuellement, chaque CV non retenu devient en fait un CV perdu. Au contraire, lorsque le tri est fait automatiquement, chaque CV rejeté peut être réétudié plus tard à un coût minimum.

Source : *Brèves* du CEVEIL, www.ceveil.qc.ca.

**Trier… des synonymes ?**

Il est possible d'optimiser les résultats obtenus par les logiciels de ce genre en les adaptant à la situation spécifique de chaque entreprise, notamment par l'utilisation d'outils d'indexation automatique ou d'outils de recherche. Considérons l'exemple d'un organisme juridique : si l'on désire trier des documents en deux piles virtuelles sur la base du mot clé « police » pour obtenir, d'une part, tous les procès-verbaux de polices d'assurance et, d'autre part, l'ensemble des constats dressés par des policiers, il sera sans doute nécessaire, dans un tel contexte, de fournir au logiciel des connaissances supplémentaires qui lui permettront de gérer les synonymes et de distinguer « police » au sens « d'agent de la paix » de « police » au sens de « contrat ». Toutefois, cela n'empêchera probablement pas quelques ratés…

## LA GESTION DOCUMENTAIRE

Ces outils d'aide à la gestion documentaire, les utilise-t-on déjà ? S'ils sont tous adaptables à un intranet ou à un extranet, il ne faut pas pour autant les confondre avec les instruments de travail collectif ou ceux destinés à la gestion des flux d'information (*workflow*). Ces outils se complètent sur les intranets-extranets et permettent de communiquer plus rapidement et mieux, grâce à des activités de tri, d'archivage, de repérage et de partage de l'information. Les grandes entreprises, en particulier, utilisent ces outils parce que, plus que toutes les autres, elles sont submergées de documents : factures, bons de commande, lettres d'entente, projets, curriculum vitæ, etc. Certaines multinationales américaines véhiculeraient, dans leur intranet, plus de documents qu'en contient le réseau Internet tout entier ! On comprend pourquoi leur intérêt pour ces outils ne date pas d'hier… Le tableau ci-dessous présente les besoins de quelques entreprises par rapport à de tels outils.

## TABLEAU 2.1

**LES OUTILS DE GESTION DOCUMENTAIRE : EXEMPLES D'UTILISATION PAR DE GRANDES ENTREPRISES**

| SOCIÉTÉS | OUTILS | BESOINS/OBJECTIFS | DESCRIPTION |
|---|---|---|---|
| • Cisco Systems | Agents intelligents | • Réduire le coût du soutien technique à la clientèle<br>• Augmenter la capacité de répondre à la demande | Le client décrit son problème à l'ordinateur et des agents intelligents lui proposent des solutions, classées par ordre de pertinence. |
| • Apple<br>• Microsoft<br>• Motorola<br>• Northern Telecom | Logiciel de tri automatique de documents | • Trier automatiquement des CV pour réunir rapidement les plus adéquats<br>• Rentabiliser chaque tri en « recyclant » les CV non retenus | Pour chaque poste à combler, le logiciel analyse la présence (ou non), dans chacun des CV, des éléments correspondant au profil du candidat recherché, puis classe les CV par ordre de pertinence. |
| • Magazine *L'Express* | Système personnalisé de gestion des dépêches d'agences de presse | • Améliorer le processus de distribution des dépêches reçues quotidiennement de l'extérieur | L'application gère trois câbles d'agences et trie les dépêches reçues selon les intérêts spécifiés par chaque journaliste. Celui-ci reçoit ensuite les dépêches pertinentes sur son ordinateur. |
| • Hydro-Québec | Thésaurus automatisé (outil d'indexation) | • Uniformiser la terminologie employée dans les différents centres de documentation de la société d'État pour l'indexation des documents<br>• Réduire les coûts liens (par exemple, entre d'interrogation des bases de données<br>• Diminuer le bruit et le silence[10] documentaires | L'outil reflète les centres d'intérêt et les domaines d'activité de la société. Il contient plusieurs milliers de termes et intègre un système de renvois permettant d'établir des des synonymes). |

---

10 Le bruit est l'ensemble des réponses non pertinentes, alors que le silence correspond aux réponses pertinentes qui ne sont pas transmises.

Cela dit, les outils d'aide à la gestion électronique de documents que l'on peut implanter dans un intranet-extranet demeurent, pour l'instant, davantage des assistants pour les travailleurs humains que de véritables remplaçants pouvant décharger ceux-ci du fardeau de tâches mécaniques et ennuyeuses. Mais ces assistants, lorsqu'ils sont exploités dans le bon contexte, rendent d'ores et déjà des services plus qu'appréciables...

Il en est de ces instruments comme des intranets et extranets en général : toutes les petites organisations, bien sûr, n'en ont pas nécessairement besoin. Plus le nombre de documents traités est élevé, plus ils sont utiles. Plus l'organisation est dispersée, plus ils rendent service. Si l'organisation travaille en plusieurs langues, ils seront un atout. Ils s'avèrent aussi nécessaires lorsque l'entreprise doit collaborer étroitement avec d'autres organisations. Certaines petites entreprises, qui pourraient aisément s'en passer à l'interne, courent la chance d'en avoir besoin pour leur fonctionnement externe si elles ont à collaborer étroitement avec d'autres compagnies les utilisant beaucoup. Des firmes de consultants comme Connect Talk ou Momentum Business Systems, pour ne nommer que celles-là, sont déjà du nombre[11]. En outre, comme on le verra aux chapitres suivants, ces outils constituent, de plus en plus, un atout pour communiquer avec les clients.

---

11 Clients de Lotus Canada et des produits Notes et Domino.

# Ne cherchez plus... trouvez !

*Les luttes de classement sont aujourd'hui
plus importantes que les luttes de classes*
**Serge Milano**

Chacun sait à quel point il est vital, pour une entreprise, de s'assurer d'un maximum de visibilité ; cela permet à la fois de capter l'attention de nouveaux clients et de demeurer aisément accessible pour la clientèle « acquise ». Les points de repère fournis à cette fin abondent dans la vie de tous les jours : on n'a qu'à penser, par exemple, à l'inscription dans les « Pages Jaunes » de l'annuaire téléphonique et les divers répertoires spécialisés d'intervenants, ou encore aux annonces dans les médias ciblés ou pour grand public.

| TABLEAU 3.1 | |
|---|---|
| **Ce que les PME québécoises font d'Internet**[12] | |
| UTILISATIONS | % DES PME MENANT CETTE ACTIVITÉ |
| Recherche d'information | 57 % |
| Transfert de données | 21 % |
| Transfert de documents | 18 % |
| Communications avec l'extérieur | 16 % |
| Commerce électronique | 19 % |
| Loisirs/Bourse | 6 % |
| Annonce de leurs produits | 5 % |
| Recherche de nouveaux clients | 4 % |
| Autres utilisations | 16 % |

Dans la communauté virtuelle que constitue le réseau Internet, les choses fonctionnent quelque peu différemment. Le bouche à oreille et l'exploration de liens hypertextuels, les **hyperliens**[13], constituent, pour de nombreux internautes, d'excellents moyens — parfois les seuls employés, d'ailleurs — pour découvrir l'existence de sites d'intérêt. Notons que le bouche à oreille peut provenir de différentes sources : les médias imprimés grand public (chronique Internet des quotidiens) ou spécialisés (magazines), les émissions de télévision, les publications diffusées dans le réseau Internet même (cybermédias), les groupes de discussion, etc.

---

12 Source : sondage réalisé par la Banque Nationale et le Groupe Everest, données rapportées par Jean-Paul Lafrance dans *Les Affaires,* 11 octobre 1997, p. S8

13 Dans les documents Web, la présence d'un lien hypertexte est signalée visuellement par son ancre qui peut être une partie de phrase ou un mot souligné ou de couleur différente de celle du texte, ou encore une image, une icône, un graphique.

362. HYPERTEXT LINK ;
HYPERLINK ;
LINK ;
HOTLINK ;

**lien hypertexte n. m. ;**
**hyperlien n. m.**

**Connexion activable à la demande dans le Web, reliant des données ayant une relation de complémentarité les unes avec les autres, et ce, où qu'elles se trouvent dans Internet.**

Cela dit, pour une majorité d'utilisateurs du réseau, le recours aux **outils de recherche**[14] disponibles sur le Web s'avère souvent le meilleur moyen de trouver des pages ou un site désirés.

---

14 L'expression outil de recherche, dans ce contexte, est un terme générique chapeautant deux catégories distinctes d'instruments, les moteurs et les répertoires, lesquelles sont examinées plus en détail dans la suite de ce chapitre.

**DÉFINITION** 802. SEARCH ENGINE ;
WEB SEARCH ENGINE ;
W3 SEARCH ENGINE ;
WEB SEARCH TOOL ;

**chercheur n. m. ;**
**outil de recherche n. m. ;**
**moteur de recherche n. m.**

**Programme qui indexe le contenu de différentes ressources Internet, et plus particulièrement de sites Web, et qui permet à l'internaute qui utilise un navigateur Web de rechercher de l'information selon différents paramètres, en se servant de mots clés, et d'avoir accès à l'information ainsi trouvée.**

En fait, les tactiques privilégiées pour dénicher des sites varient considérablement d'une personne à l'autre. On mesure donc aisément l'importance, pour l'entrepreneur, de connaître les habitudes de sa clientèle cible quand vient le moment d'élaborer sa stratégie de communication — sous peine, autrement, de miser sur de mauvais chevaux ou de s'éparpiller en vain...

## LES VISITEURS HUMAINS ET... LES VISITEURS MACHINE

Lorsque l'on prépare son site, il importe de tenir compte des caractéristiques et habitudes, souvent bien différentes, des deux types de visiteurs potentiels : les humains et les machines ou, autrement dit, les internautes et les lecteurs numériques.

Le lecteur numérique est une sorte de robot[15]. Il agit comme un préposé virtuel, voué inlassablement à l'inscription des sites Web dans ces annuaires électroniques que sont les moteurs de recherche et auxquels les internautes, par la suite, se référeront afin de repérer des sites.

### Les outils de repérage et de vie privée

Les indexeurs et les moteurs de recherche constituent des outils tout à fait extraordinaires pour les entreprises désireuses d'amasser de l'information sur leurs clients.

Prenons par exemple les fournisseurs d'accès Internet. Personne ne le criera sur les toits, mais chaque fournisseur a la capacité d'intercepter, d'ouvrir et de lire les messages électroniques expédiés par Internet par ses abonnés.

Tous n'exploitent pas cette capacité, évidemment. Mais certains fournisseurs — notamment certains fournisseurs américains offrant un accès gratuit à Internet (il faut bien faire son argent quelque part et la vente de publicités ne suffit pas toujours) — en tirent avantage.

Certains utilisent en effet des logiciels capables d'éplucher votre correspondance électronique pour y distinguer la présence de mots clés et, à partir de ceux-ci, dresser la liste de vos champs d'intérêt.

L'information ainsi colligée est ensuite vendue à des entreprises désireuses de faire des envois postaux bien ciblés.

Vous parlez souvent de voile avec vos amis ? Ne vous surprenez pas si un catalogue sur le sujet vous arrive un jour par la poste !

Si l'on compare entre eux les deux grands types d'outils de recherche — moteurs et répertoires —, l'on constate sur le plan du mode de fonctionnement une distinction fondamentale. Pour résumer, disons que les moteurs de recherche comme AltaVista ou Infoseek sont dotés de robots spécialisés qui arpentent le Web pour recueillir l'information nécessaire.

---

15 C'est pourquoi l'on emploie parfois le terme *inforobot* pour le désigner.

| TABLEAU 3.2 |
| --- |
| **LES 10 MOTS CLÉS LES PLUS SOUVENT UTILISÉS DANS ALTAVISTA** |
| • sex |
| • nude |
| • pictures |
| • jpeg (un format d'encodage de photos) |
| • software |
| • windows |
| • adult |
| • women |
| • naked |
| • erotic |

Source : Liste recueillie par Evan Schwartz (*Webonomics,* New York, Broadway Books, 1997, p. 21) lors d'une entrevue avec Louis Monier, le créateur d'AltaVista.

Pour leur part, les répertoires de recherche tels La Toile du Québec ou Yahoo!, fonctionnent sans robots indexeurs. Ils ont donc besoin qu'on leur fournisse la description de chacun des sites qu'ils doivent prendre en considération, description donnée soit par les concepteurs eux-mêmes, soit par l'intermédiaire de tiers humains. Autrement dit, un moteur de recherche s'active à effectuer lui-même la récolte des renseignements nécessaires, alors qu'un répertoire attend passivement que ces informations lui soient expédiées.

**Figure 3.1**

http://www.toile.qc.ca/

► **Outils de recherche**     ► **La Piste francophone**

**Cliquez ici**

**Mégagiciel : nouveau moteur de recherche**

**Actualité et médias**
magazines ❑ journaux ❑ radio ❑ télévision ❑
e-zines ❑ presse étudiante

**Arts et Culture**
arts visuels ❑ cinéma ❑ divertissement ❑
littérature ❑ musique ❑ théâtre ❑ danse

**Commerces et économie**
finance ❑ emplois ❑ immobilier ❑ industries ❑
produits et services

**Éducation**
primaire, secondaire, collégial,
universitaire ❑ formation professionnelle

**Gouvernement**
provincial ❑ fédéral ❑ partis politiques ❑
villes et municipalités

**Informatique et Internet**
multimédia ❑ forums et bavardage ❑
fournisseurs ❑ guides et ressources

**Sciences et santé**
santé ❑ sciences et technologies ❑ sciences
humaines et sociales

**Société**
rencontres ❑ religion ❑ vie politique ❑ aînés
❑ enfants et ados ❑ famille

**Sports et loisirs**
hobbies ❑ cuisine et vin ❑ jardinage ❑ jeux ❑
plein air ❑ sports

**Tourisme, villes et régions**
événements ❑ guides ❑ hébergement ❑
régions ❑ restauration ❑ voyages

**Qui est le@ ?**
Répertoire des pages personnelles

**Les Travailleurs autonomes**
Répertoire des travailleurs autonomes

Infos | Ajouter un site | Un lien vers l'inconnu | Nouveautés | Pour nous écrire
Outils de recherche | La Piste francophone

**Figure 3.2**

## PAGE D'ACCUEIL ALTAVISTA FRANCE

http://altavista.telia.com/cgi-bin/query ?pg = q&country = fr&mss = fr % 2Fsearch&x = 40&y = 17

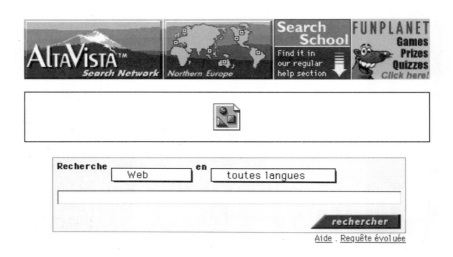

**Figure 3.3**

## PAGE D'ACCUEIL ALTAVISTA CANADA

http://www.altavista.ca/cgi-bin/query?lang=fr

Qu'est-ce que les Canadiens **disent** à-propos d'AltaVista Canada?

CLICK HERE FOR AD INFO
**DoubleClick**

Notre réseau | Ajouter/Supprimer URL
FAQ | Aide | Comment annoncer
A-propos d'AltaVista Canada | Texte seulement

**TELUS**

**TELUS Corporation**
**Digital Equipment Corporation**

Disclaimer | Privacy Statement
Copyright 1997 © All Rights Reserved

digital

Mentionnons, en outre, que l'unité de base traitée varie selon le type d'outil : les répertoires considèrent les sites Web en tant qu'unités — une seule référence par site, habituellement la première page dite **page d'accueil** —, tandis que les moteurs indexent des pages et peuvent donc, éventuellement, fournir plusieurs références à un même site, regroupées ou non.

 **DÉFINITION** 318. HOME PAGE

**page d'accueil n. f.**

**Première partie d'un document Web qui est affichée à l'écran quand un client Web est connecté à un serveur Web.**

Si le principe sous-tendant l'inscription d'une entreprise dans les annuaires électroniques du réseau Internet demeure le même que pour les annuaires papier, la façon de procéder est toutefois relativement différente. Pour les annuaires papier, l'inscription dans les catégories choisies est effectuée par des tiers à l'aide de renseignements fournis par le client.

Dans Internet, il incombe aux utilisateurs d'effectuer eux-mêmes une grande partie de ces démarches. D'une part, pour figurer dans les répertoires, l'entrepreneur doit soumettre une demande d'inscription pour son site ; d'autre part, s'il désire également jouir d'un repérage efficace par les moteurs de recherche — ce qui est souhaitable, évidemment —, il lui faudra accorder une attention toute particulière, à l'intérieur de son site, à certains éléments qui seront consultés, en tout ou en partie, par les robots indexeurs des moteurs. Ces deux types d'annuaires électroniques, et leur mode d'inscription inhérent, exigent un travail parfois minutieux qui mérite d'être examiné plus en détail.

## LES RÉPERTOIRES DE RECHERCHE

Dans les outils dépourvus de robot indexeur — répertoires de recherche —, on inscrit donc son site en expédiant une brève description à l'aide d'un formulaire automatisé. Sur ce formulaire électronique, fourni sur le site du répertoire de recherche concerné, on donne des renseignements généraux — nom du site Web, **adresse URL**, nom du responsable, etc. — ainsi qu'une brève description de son site. Selon les répertoires, la longueur de cette description variera entre trois et six lignes. On doit également choisir la catégorie où l'on désire figurer dans la classification établie, par exemple « Affaire et économie » ou « Commerce ». Mais attention : certains formulaires vous permettent un seul choix, alors que certains outils de recherche font eux-mêmes ce classement.

916. UNIFORM RESOURCE LOCATOR ;
ABRÉV. URL ;
V. O. UNIFORM RESOURCE LOCATER ;
UNIVERSAL RESOURCE LOCATER

**adresse Web n. f. ;**
**adresse W3 n. f. ;**
**adresse URL n. f. ;**
**URL n. f.**

**Ensemble de données permettant d'avoir accès à l'information d'Internet quand on utilise un navigateur Web et qui contient une méthode d'accès au document recherché, le nom du serveur et le chemin d'accès au document.**

Considérons l'exemple d'un spécialiste des bains flottants. Lorsqu'une entreprise s'inscrit dans les Pages Jaunes de l'annuaire téléphonique, elle transmet ses coordonnées, éventuellement accompagnées d'un texte publicitaire, et elle précise la ou les catégories où elle souhaite être répertoriée. Pour la catégorie Bains de détente, notre entrepreneur fournira donc les coordonnées de son entreprise :

• Bains flottants Détente Plus inc.
4732, rue Notre-Dame O., 1 800 DÉTENTE

Il fera ensuite ajouter quelques mots, pour la publicité :
Bains flottants – massothérapie – 7 jours – 7 soirs

Dans le réseau Internet, la description du site de l'entreprise fournie aux répertoires de recherche pourrait ressembler à ceci :

• Bains flottants Détente Plus inc.
Le site du chef de file des bains flottants au Québec. Vous y retrouverez non seulement tous nos produits mais également de nombreux conseils.
http://www.détente-plus.com/

Quelles sont, en pratique, les différences constatées entre ces deux types d'inscription ? Les coordonnées transmises, le texte publicitaire et le support de lecture sont dissemblables. En fait, dans notre exemple, seul le nom est commun aux deux inscriptions. Il fait, toutefois, l'objet d'un soulignement (lien hypertexte) dans le répertoire électronique, une précision qui vise à rappeler à l'internaute qu'il lui suffit de « cliquer » sur ces mots pour accéder à cette page.

Cela dit, le titre d'inscription d'un site dans les répertoires électroniques ne doit pas être nécessairement le nom de l'entreprise. Ainsi, on aurait pu indiquer : « Le temple du bain flottant en Amérique du Nord au lieu de « Bains flottants Détente Plus inc ». Quant à la description, elle peut contenir de l'information à la fois sur l'entreprise elle-même et sur le contenu du site Web, puisque c'est toujours à ce dernier que renvoie une inscription. Sur le Web, à la différence d'un annuaire téléphonique papier où l'on accède immédiatement aux coordonnées de l'entreprise repérée —

**Figure 3.4**

## UN FORMULAIRE D'INSCRIPTION DU RÉPERTOIRE DE RECHERCHE FRANCITÉ

http://www.i3d.qc.ca/ajout.html

Francité, l'engin de recherche de la francophonie!

Inscrivez votre site dans Francité et auprès de 15 autres outils de recherche (gratuit).

**AVIS** Si vous voulez vous inscrire maintenant dans une sous-catégorie, nous vous conseillons fortement de quitter cette page et de parcourir les sous-catégories à partir de la page d'accueil. Une fois que vous aurez trouvé votre sous-catégorie, cliquez sur 'Ajouter/Modifier' ou dirigez-vous en bas de la page. Vous pouvez aussi vous inscrire à partir de cette page, mais vous ne serez pas classé dans une sous-catégorie.

Vous pouvez à présent inscrire automatiquement votre site à 15 outils de recherche sans avoir à remplir à nouveau toutes les grilles de demande d'information :

- Écrivez votre adresse URL (ex: http://www.monsite.com/site) Prenez cette adresse en note, car elle vous servira à vous enregistrer dans une catégorie et à modifier votre inscription à Francité.
  `http://`

- Inscrivez votre adresse électronique (Email) (ex: moi@monsite.com) Prenez cette adresse en note, car elle vous servira à vous enregistrer dans une catégorie et à modifier votre inscription à Francité.

[ Ajouter/Modifier le site ]

Veuillez noter que Francité respecte votre liberté de choix et d'expression. C'est pourquoi nous ne corrigeons ni le contenu ni le texte de votre inscription volontaire. Votre inscription demeure donc votre entière responsabilité. Lisez notre <u>Énoncé de principe</u>

adresse, numéro de téléphone, etc. —, il est nécessaire, en fait, de procéder en deux temps. Il faut d'abord effectuer le repérage de sites à l'aide des outils de recherche. Ensuite, lorsqu'on visite les sites eux-mêmes, des textes électroniques fourniront habituellement les renseignements ponctuels recherchés, notamment ceux permettant de communiquer avec l'entreprise.

Une bonne manière de procéder, lorsque l'on désire inscrire son site à un répertoire de recherche particulier, consiste à observer au préalable comment d'autres entreprises y ont inscrit le leur — exactement comme l'on procède quand vient le moment de s'inscrire à un annuaire téléphonique... Dans le répertoire de recherche Francité, par exemple, si le directeur de Bains flottants Détente Plus inc. écrit « bains flottants » dans l'espace réservé à la recherche, il obtiendra 314 inscriptions, dont celle-ci :

- Maxx
  Maxx est l'un des 10 plus importants fabricants d'équipement de salles de bain en Amérique du Nord ; baignoires, tourbillons et baignoires, douches, ensembles de douche.
  http://www.maxx.com

Notre entrepreneur pourra ainsi évaluer le nombre approximatif de lignes et le contenu de la description à rédiger pour son propre site. Sachant que Maxx figure dans la catégorie « Affaires et économie : Fabricants/Manufacturier : Produits de salles de bain », il aura, en outre, une bonne idée de la catégorie dans laquelle il s'avérera pertinent d'inscrire son entreprise.

Chacun des deux points ( :) de la suite de catégories et de sous-catégories donnée ci-dessus correspond à un « clic » de la part de l'utilisateur naviguant dans les catégories du répertoire. Dans les Pages Jaunes l'entrepreneur, avant de s'inscrire, feuillette un index alphabétique de catégories de produits et services et en choisit une ou plusieurs, qu'il indiquera ensuite au préposé à l'inscription.

Dans le répertoire Francité, l'entrepreneur optera pour la suite convenant le mieux à son entreprise en utilisant des **index** dérouleurs de catégories et de sous-catégories. Le directeur de Bains flottants Détente Plus inc. sélectionnera donc, dans l'ordre, les catégories «Affaires et économie», «Fabricants/Manufacturier» et «Produits de salles de bain». S'il inscrit son entreprise à plusieurs répertoires de recherche, il devra reprendre sensiblement la même démarche chaque fois, en étudiant bien les différentes catégories offertes pour s'assurer que le nom de son entreprise est toujours répertorié de façon optimale.

 373. INDEX

**index n. m.**

**Liste des éléments contenus dans un fichier ou un document, assortie de clés ou de références destinées à localiser ces éléments.**

Voici maintenant quelques répertoires de recherche francophones, accompagnés d'un court commentaire et de leur mode d'inscription.

**La Toile du Québec**

http://www.toile.qc.ca/

Le répertoire par excellence des sites québécois. Sa section «Commerces et économie», qui se divise en 15 sous-catégories, est très bien hiérarchisée.

Pour s'inscrire : après avoir cliqué sur le lien «Ajouter un site», on accède à un formulaire que l'on remplit en fournissant le nom du site ou de l'entreprise, l'adresse du courrier électronique, le pays, la région, la ville, la description du site, quelques mots clés (termes qui décrivent le sujet général du site) et la catégorie.

### Francité

http://www.i3d.qc.ca/

Connu et utilisé à travers toute la francophonie, ce répertoire contient un puissant moteur de recherche interne ; cependant, son mode de hiérarchisation, qui s'exprime par des sous-index verticaux, dans la marge droite, est un peu déroutant. Ainsi la catégorie « Affaires et économie » offre une longue liste verticale de sous-catégories : « Alimentation », « Animalerie », « Annonces classées », « Architecture », « Artisans », etc.

Pour s'inscrire : après avoir cliqué sur le lien « Ajouts Modifs », on doit d'abord opter pour une catégorie générale, puis, à l'étape du formulaire à remplir, choisir une sous-catégorie.

### Carrefour.net

http://www.carrefour.net/

Répertoire de recherche suffisamment fréquenté pour justifier l'effort d'une inscription. À partir de la catégorie « Entreprises », Carrefour.net propose une sous-catégorie intéressante : « Sociétés de services ».

Pour s'inscrire : le lien « Ajouter un site » donne accès à un formulaire d'inscription de répertoire de recherche on ne peut plus typique. On doit toutefois inscrire la catégorie choisie sans l'aide de menus dérouleurs.

## LES MOTEURS DE RECHERCHE

Dans les outils avec robot (moteurs de recherche), les modalités d'inscription sont généralement aisées. En fait, guidés par une sorte de fil d'Ariane, les moteurs de recherche arrivent la plupart du temps à repérer un site sans même que le responsable de celui-ci ait à entreprendre une quelconque démarche d'inscription. Toutefois, il est nettement préférable, pour être certain que ces outils prendront en compte la ou les pages essentielles de son site, de « poster » soi-même, aux sites d'outils de recherche, les pages que l'on veut faire connaître au public.

Pour ce faire, il suffit de taper l'adresse URL du site et, dans certains cas, celle de son courrier électronique, puis de cliquer sur « Soumettre ». Dès lors, des inforobots se mettent au travail. Ils peuvent prendre de quelques jours à une semaine, parfois deux, pour visiter le site et l'inscrire dans le moteur de recherche. Ces robots indexeurs visitent le site de façon plus ou moins exhaustive selon les cas et extraient l'information à retenir. Cependant, « réussir » à inscrire son site dans des outils avec robot est parfois moins facile que dans le cas des répertoires, car les inscriptions sont tributaires des « règles » de lecture de chaque robot.

La situation de l'entreprise préparant son site à la venue des robots de moteur de recherche est en plusieurs points semblable à celle d'un entrepreneur qui aurait invité le préposé aux inscriptions des Pages Jaunes à visiter sa compagnie pour qu'il puisse, par la suite, fournir lui-même les données et catégories à inscrire dans l'annuaire. Il lui est nécessaire de bien organiser son entreprise pour que l'impression produite sur le préposé soit favorable et se reflète par une description élogieuse et une classification pertinente. Pour que ce préposé virtuel qu'est le robot s'en retourne avec de l'information qui avantagera le site de l'entreprise, l'entrepreneur devra tenter de savoir comment ce préposé effectue son travail et, surtout, comment il est possible de lui éviter des efforts. Le résultat final de l'inscription dépendra en grande partie de la qualité du dialogue établi entre les robots d'indexation représentant les moteurs de recherche et le site d'entreprise à inscrire.

Certains inforobots copient toute l'information contenue dans un site ; d'autres ne prélèvent que des données sommaires comme le titre, l'adresse URL ou les 20 premiers mots de chaque page. Dans tous les cas, il est essentiel de bien préparer chacune des pages de son site.

**Figure 3.5**

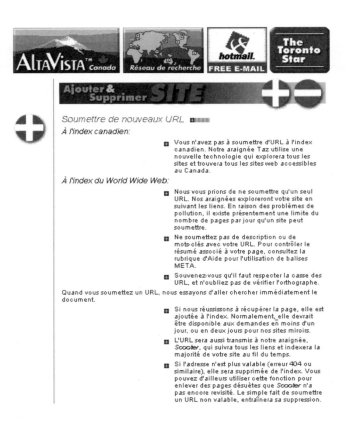

La qualité globale du contenu et de la structure d'un site Web exerce une influence directe sur le repérage effectué par les moteurs de recherche et également sur le tri subséquent des pages selon leur pertinence. Chaque page ajoutée à un site augmente, en principe, les chances de repérage de celui-ci par les moteurs de recherche. En effet, selon la spécificité du terme utilisé au moment de la requête, l'internaute repêchera soit la référence de la page d'accueil d'un site, soit celle d'une page particulière de celui-ci. La nature intrinsèque du Web lui permettra par la suite d'accéder à la page d'accueil et, de là, d'explorer le reste du site si le cœur lui en dit.

Tel que nous l'avons mentionné précédemment dans ce chapitre, il est également possible, selon la nature du moteur de recherche employé, que la liste de résultats obtenue à la suite d'une requête contienne plusieurs références à un même site en présentant certaines de ses pages, le tout éventuellement enrichi de références à d'autres sites. L'internaute se rendra alors vite compte de l'astuce : le site, en fait, cherche à obtenir des références plus souvent qu'à son tour.

## POUR BIEN DÉCRIRE VOTRE SITE

Que l'on ait affaire à des moteurs de recherche ou à des répertoires, il importe de toujours conserver en mémoire l'ampleur colossale du Web et, partant, le nombre impressionnant de sites répertoriés ou parcourus par ces outils de recherche.

L'internaute qui inscrit le mot « bains » à la ligne de commande d'un outil quelconque lance une recherche visant à repérer, parmi ces immenses bassins de ressources, celles qui sont susceptibles de répondre à un besoin d'information sur le sujet. Par exemple, si, dans la liste des quelque 3 000 pages repêchées par un moteur de recherche à la suite de cette requête, les Bains flottants Détente Plus inc. figurent en 3e position plutôt qu'en 70e position ou plus loin encore, il ne s'agit certes pas là d'un phénomène aléatoire et imprévisible. Cet ordre d'apparition est déterminé par les règles ou principes d'inscription propres aux différents outils de recherche. L'entrepreneur doit donc connaître ces règles et les exploiter du mieux qu'il peut.

Pour tâcher de rapprocher le plus possible son site de la première position dans une liste de résultats, l'entrepreneur devra porter une attention particulière aux éléments suivants :

### Le vocabulaire utilisé dans les pages du site

Comme certains outils avec robot reproduisent intégralement les pages visitées, il importe que le vocabulaire employé dans le site pour décrire l'entreprise soit le plus caractéristique possible et reflète adéquatement sa raison d'être.

### Le nombre de pages inscrites dans les moteurs de recherche

Pour les raisons mentionnées un peu plus haut, et même si les inforobots de moteurs de recherche peuvent éventuellement inscrire d'eux-mêmes plusieurs pages d'un même site, l'entrepreneur jouira d'une plus grande visibilité s'il prend la peine de poster aux moteurs de recherche les pages de son site n'ayant pas été recensées. De même, il gagnera à poster systématiquement chaque nouvelle page ajoutée à son site.

**Tout doux !**

Commencez petit. À ses débuts, le site de FedEx comptait seulement... cinq pages.

**Des conseils**

- Les pages lourdes en graphiques et en images se chargent lentement et irritent les clients.

- Il faut faire vivre ses pages, les tenir à jour si l'on veut que les visiteurs reviennent.

**Le titre**

Il est un élément qui influe de manière prépondérante sur la visibilité d'un site Web et sur son repérage éventuel par les outils de recherche : le titre. Le choix de cette composante stratégique fait l'objet de la prochaine section.

**Les mots clés ajoutés dans les fichiers HTML du site**

Il existe, dans le fichier-source HTML d'une page Web, une section appelée « META » et encadrée par les balises du même nom (< META >). Il est possible d'y indiquer de l'information qui ne sera pas affichée lors de la visualisation de la page Web à l'aide d'un **fureteur**, mais qui sera accessible aux différents outils de recherche[16].

**DÉFINITION**    1000. Web browser ;

WWW browser ;

World Wide Web browser ;

navigateur Web n. m. ;

navigateur W3 n. m. ;

fureteur n. m.

Navigateur capable d'exploiter les ressources d'Internet à partir du Web et, notamment les documents hypertextes.

---

16 À l'exception de Yahoo ! et d'Excite, tous les outils de recherche (moteurs et répertoires confondus) prennent en compte le contenu du champ META. Sur le Web, la commande *Afficher la source* (dont le libellé exact peut varier) permet à l'internaute d'avoir lui aussi accès à ces renseignements pour une page donnée.

Habituellement, on fournit dans cette section du fichier **HTML** des renseignements tels que le nom de l'auteur de la page Web et, le cas échéant, du logiciel utilisé pour la conception de la page.

336. HTML COMMENT ;

COMMENT SECTION ;

COMMENT ;

**commentaire HTML n. m. ;**

**commentaire n. m.**

**Partie facultative de l'en-tête d'un document HTML, comprenant des renseignements divers sur le document lui-même, qui n'est pas affichée par le navigateur Web, mais à laquelle on peut avoir accès par le document source.**

On peut également — et c'est ce qui nous intéresse davantage ici — y inclure une série de mots ou de groupes de mots, appelés « mots clés », qui servent à résumer le contenu de la page Web. Il est parfois possible, en répétant délibérément les mêmes mots clés plusieurs fois, de berner les inforobots de moteurs de recherche sur le contenu ou la pertinence d'une page. Par exemple, on inscrira : *< META NAME = "keywords" CONTENTS = "bains flottants, bains flottants, bains flottants, bains, bains, bains" >*. Cependant, comme de plus en plus de moteurs de recherche pénalisent les sites où l'on abuse de ce procédé, il est fortement recommandé d'opter pour une disposition en « chassé-croisé » : *< META NAME = "keywords" CONTENTS = "bains, bains flottants, bains, bains flottants, bains, bains flottants" >*.

Si on le désire, on peut également enrichir la section META d'une description de contenu, un peu plus élaborée que de simples mots clés placés à la queue leu leu et destinée à compléter ceux-ci, et non à les remplacer ! On y tient sensiblement le même genre de discours que dans les descriptions envoyées aux répertoires de recherche. Ainsi, le fichier-source HTML de la page d'accueil des Bains flottants Détente Plus inc. pourrait avoir comme description de contenu : < *META NAME = "description" CON-TENTS = "Le site du chef de file des bains flottants au Québec. Vous y retrouverez non seulement tous nos produits, mais également de nombreux conseils."* > .

Le chapitre 4 vous renseignera sur la façon de faire en HTML pour s'afficher et être repéré en plusieurs langues.

## UN TITRE ACCROCHEUR

Le titre de toute page Web figure au début de son fichier HTML, entre les codes < *title* > et < */title* > . Il est ce que les inforobots « lisent » en premier pour constituer la fiche d'identification d'un site Web (cela vaut, notamment, pour les inforobots d'AltaVista, d'Infoseek et de Web Crawler).

S'il veut augmenter sa visibilité, l'entrepreneur doit peaufiner le titre de son site, notamment en employant les astuces suivantes :

- Choisir un titre débutant par la lettre A — majuscule de préférence —, par un chiffre quelconque ou, mieux encore, par des caractères comme ! ou #. Ce procédé devrait hisser le site en tête de liste. Cela tient à ce que l'ordre de préséance suivant s'applique lors du tri de caractères : symboles, chiffres, lettres majuscules, lettres minuscules.

- Profiter du nombre de caractères permis pour créer un titre à la fois original et descriptif.

- Choisir un titre suffisamment représentatif mais le plus court possible[17].

---

17 Un tel pari sera plus facile à tenir dans un contexte unilingue que multilingue ; voir chapitre 4.

Pourquoi cette restriction ? Selon un article du cybermagazine *Computer Bits* sur les outils de recherche[18], une interrogation dans AltaVista a permis de constater que la longueur « idéale » d'un titre comportait cinq mots. En effet, une requête anglaise portant sur les « analystes de systèmes » ayant repéré quelque 200 000 sites de CV a révélé que les sites apparaissant en tête de liste contenaient un titre de cinq mots seulement. La concision est également souhaitable à des fins de gestion de l'information par l'internaute lui-même. Par exemple, un titre à la fois court et descriptif se repère plus facilement dans une liste de signets. Fait intéressant, ce même article mentionne que les pages Web irréprochables en ce qui concerne les trois principaux types d'information à prélever — titre du document, mots clés < META > et contenu général de la page — sont les plus susceptibles de se retrouver en tête de liste.

## OÙ ET COMMENT FAIRE VOS RECHERCHES ?

Lorsque l'on désire repérer des pages ou des sites Web dans Internet en faisant appel à un outil de recherche particulier, il est possible de mener ses recherches de façon plus précise et « intelligente » en exploitant les commandes de base admises par la plupart de ces outils[19]. Par exemple, l'internaute souhaitant repérer des pages Web reliées à la thématique des bains peut raffiner ses requêtes au moyen de ce que l'on appelle des

---

18 Smith, Rebecca. « Search Engine Savvy — Make your presence known by making your resume search engine-friendly », *Computer Bits,* volume 7, n° 2, février 1997.

19 Il existe des commandes beaucoup plus sophistiquées permettant d'effectuer des interrogations autrement pointues (c'est ce que l'on appelle le *mode d'interrogation expert*), mais cela déborde des limites de cet ouvrage.

opérateurs de recherche ou opérateurs booléens[20] : AND, OR, AND NOT, NEAR[21]. Ces quatre opérateurs s'utilisent comme suit :

- AND permet de repérer des documents contenant tous les mots ainsi reliés. Par exemple : *bains AND flottants* ;

- OR permet de découvrir des documents qui contiennent au moins l'un de ces mots. Par exemple : *bains OR flottants* ;

- AND NOT sert à repêcher des documents contenant le premier mot mentionné tout en excluant ceux qui renferment également le mot suivant cet opérateur. Par exemple : *bains AND NOT flottants* ;

- NEAR permet, comme l'opérateur AND, de spécifier que l'on désire trouver des documents contenant certains mots précis, mais va plus loin que ce dernier, puisque les termes recherchés doivent se trouver à peu de distance l'un de l'autre dans les textes repérés. Le nombre maximum de mots admis comme distance varie selon l'outil employé. Il pourrait s'agir de 10 mots. Par exemple : *bains NEAR flottants*.

Une même requête d'interrogation peut combiner différents opérateurs ou répéter un même opérateur. C'est ce que l'on appelle des « requêtes complexes ». On peut également recourir à l'emploi de parenthèses ; ces dernières permettent de définir un ordre de priorité parmi les différentes tâches à effectuer pour réaliser une requête complexe. Les « ordres » figurant à l'intérieur des parenthèses seront pris en compte dans un premier temps, puis on combinera les résultats obtenus aux autres parties de la requête. Voici quelques exemples de requêtes complexes :

---

20 Les opérateurs booléens ne peuvent prendre de valeur ; ils permettent de réaliser une opération qui, elle, aboutira à un résultat. On peut dire qu'une opération booléenne ne peut aboutir qu'à l'une des deux valeurs distinctes, à savoir VRAI ou FAUX.

21 Nous mentionnons ici les termes de langue anglaise, qui sont évidemment les plus répandus à l'heure actuelle sur le Web. Dans les outils francophones, cela correspond respectivement à ET, OU, SAUF, ADJ (le nom français de ce dernier opérateur peut varier).

- bains NEAR flottants OR douches OR baignoires

- (bains OR flottants) AND NOT douche

- flottants OR (bains AND NOT moussants)

Certains outils de recherche, comme AltaVista, nécessitent que l'on inscrive soi-même les opérateurs désirés. D'autres, tels Excite ou Lycos, proposent des menus dérouleurs qui évitent aux internautes ces opérations parfois ennuyeuses.

**Figure 3.6**

## INDEXATION D'UN URL PAR ALTAVISTA

http://www.altavista.ca/fr/help_advanced_operators.htm

*Utilisation d'opérateurs dans la Recherche avancée*

Utilisez les opérateurs suivants pour exiger ou exclure la présence de certains termes dans une Recherche avancée. Lisez la rubrique Exemples de Recherche avancée pour voir ces opérateurs en action.

| Mots-clé | Symbole | Action |
|----------|---------|--------|
| AND | & | Ne retourne que des documents contenant les mots ou phrases spécifiés. planter AND choux retourne des documents contenant le mot planter et le mot choux. |
| OR | \| | Retourne des documents contenant au moins un des mots ou une des phrases spécifiés. planter OR choux retourne des documents contenant soit le mot planter soit le mot choux. Les documents trouvés peuvent contenir les deux mots, mais ce n'est pas nécessaire. |
| NOT | ! | Exclut les documents contenant le mot ou la phrase spécifiés. planter AND NOT choux retourne des documents avec planter mais qui ne contiennent pas choux. NOT ne peut pas être utilisé seul - il doit être accompagné d'un autre opérateur comme AND. AltaVista n'accepte pas, par exemple, planter NOT choux; à la place écrivez planter AND NOT choux. |
| NEAR | ~ | Retourne des documents contenant les mots ou phrases spécifiés lorsqu'ils sont à moins de dix mots l'un de l'autre. planter NEAR choux retournerait la comptine mais sans doute pas de texte sur la culture maraîchère. |

▶ Vous pouvez taper les opérateurs en majuscule ou en minuscule, mais l'utilisation de majuscules facilitera la distinction entre les opérateurs et les mots appartenant à votre recherche.

▶ Si vous devez utiliser un opérateur comme terme de recherche, mettez-le entre guillemets pour le distinguer de l'opérateur du même nom. Par exemple, vous pouvez taper METAL AND (ARGENT OR "OR") pour chercher soit l'argent soit l'or en tant que métal.

▶ Si vous avez inclus des opérateurs multiples au sein d'une demande, groupez les opérateurs avec les mots de recherche et utilisez des parenthèses. Par exemple, (planter NEAR choux) AND NOT graine indique à AltaVista de rechercher des documents avec planter et choux, ensuite de trier ces documents pour éliminer ceux qui contiennent le mot graine. Si vous ne précisez pas l'ordre avec des parenthèses, AltaVista interprète NEAR, puis NOT, ensuite AND et finalement OR en se déplaçant de gauche à droite de la demande.

▶ Dans la Recherche avancée, plus (+) et moins (-), qui sont des opérateurs utilisés pour la Recherche simple, sont interprétés comme des ponctuations normales.

▶ Utilisez des guillemets (" ") pour grouper des mots en phrases, comme vous le feriez pour une recherche simple.

Il existe plusieurs autres commandes de base qui permettent, par exemple, de faire des requêtes sur des parties de mots grâce à l'emploi de masques (*wildcards*), de limiter les résultats par pays, langue ou section de page Web comme les adresses URL, de spécifier ou non une distinction entre les caractères majuscules et minuscules, etc. Comme les outils de recherche diffèrent parfois énormément les uns des autres en ce qui concerne les commandes et la façon d'employer celles-ci, il est fortement recommandé de prendre quelques minutes pour lire le mode d'emploi de son ou ses outils de recherche favoris. Cet investissement de quelques minutes s'avère toujours rentable. Il permet à l'entrepreneur de constater à quel point l'utilisation de commandes fort simples peut faire une différence sur le plan de la qualité des résultats à la suite d'une requête...

## TABLEAU 3.3

**LES PRINCIPAUX OUTILS DE RECHERCHE QUE L'ON TROUVE DANS LE RÉSEAU INTERNET**

EN ANGLAIS

| Avec robot | Sans robot |
|---|---|
| AltaVista http://www.altavista.digital.com/ | Yahoo ! http://www.yahoo.com/index.html |
| Excite http://www.excite.com/ | |
| Infoseek http://www.infoseek.com/ | |
| HotBot http://www.hotbot.com/ | |
| Lycos http://index.opentext.net/ | |
| Open text http://index.opentext.net/ | |
| Webcrawler http://webcrawler.com | |

| EN FRANÇAIS | |
|---|---|
| **Avec robot** | **Sans robot** |
| Echo http://www.echo.fr/ | Ad Valvas (Belgique) http://www.advalvas.be/yellow/ |
| Écila http://ecila.ceic.com/ | Eurêka http://www.eureka-fr.com/ |

| Lokace | Francité |
|--------|----------|
| http://www.lokace.com/ | http://www.i3d.qc.ca/ |
| | Carrefour.net |
| | http://www.carrefour.net/ |
| | Nomade |
| | http://www.nomade.fr/ |
| | Swiss.com |
| | http://www.swisscom.ch/swisscom_f.html |
| | UREC |
| | http://www.urec.fr/France/web.html |
| | L'Index Web francophone |
| | http://www.index.qc.ca |
| | La Toile du Québec |
| | http://www.toile.qc.ca/ |

Mentionnons, enfin, qu'il est possible de faire exécuter une même requête simultanément par plusieurs outils de recherche, que ceux-ci soient de langue française ou anglaise et qu'ils fassent ou non appel à des inforobots. Par exemple, à partir d'une même page, d'une même cellule de saisie, le terme choisi sera soumis à la fois à Yahoo!, à AltaVista et à Francité. Pour ce faire, il suffit de recourir aux services multimoteurs offerts sur le Web, dont voici les principaux :

• MégaFrancité
  http://francite.infinit.net/mega.html
• MetaCrawler
  http://www.metacrawler.com/
• Savvy Search
  http://eclecticwebs.com/coolsite/searcheng/savvy.html

Ces instruments, toutefois, ne permettent ni les recherches sur plusieurs termes à la fois ni l'emploi des opérateurs booléens. On peut aussi utiliser un excellent multimoteur québécois, Copernic, à http://www.copernic.fr.

**Figure 3.7**

## COPERNIC : UN MULTIMOTEUR QUÉBÉCOIS

http://www.copernic.com/fr

**Figure 3.8**

## UNE RECHERCHE À L'AIDE DE COPERNIC

www.copernic.com/fr/plus/product98shot3.html

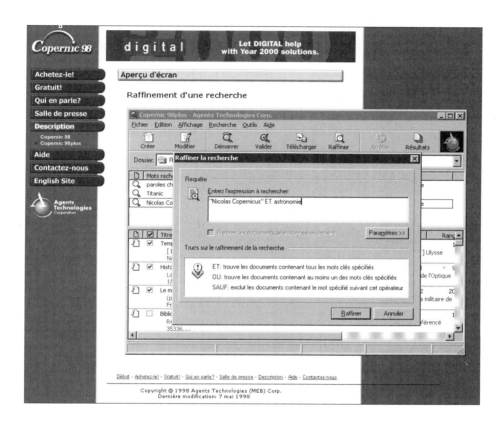

107

Voici comment fonctionne Copernic[22] :

---

**TABLEAU 3.4**

## COPERNIC

1. L'usager soumet sa demande à Copernic.

2. Copernic interroge un ensemble de moteurs de recherche et de répertoires disponibles dans Internet. Pour Copernic 98, le nombre d'outils visités s'élève à 33 et prend en compte à la fois les ressources anglophones du Web (Yahoo!, AltaVista, HotBot, Excite, etc.) et celles en langue française (Yahoo! France, Carrefour.net, La Toile du Québec, Nomade, etc.).

3. Copernic dresse la liste des résultats, compilant ces derniers dans un fichier standard qui peut être sauvegardé, organisé, partagé et même expédié.

4. L'usager, pour accéder aux sites repérés, n'a plus qu'à double cliquer sur ceux-ci ou encore à sauvegarder, sur son disque dur, une page HTML contenant tous les résultats, qu'il sera possible de consulter tout à loisir à l'aide d'un fureteur. Copernic permet également de télécharger sur le disque dur les sites obtenus à la suite d'une recherche, un à un, pour les consulter plus tard.

5. Copernic élimine automatiquement les doubles et retire de la liste de résultats les liens inactifs. Plusieurs éléments du logiciel sont paramétrables par l'usager : engins de recherche à utiliser et ordre de consultation de ceux-ci, nombre de résultats à télécharger par site, nombre total de résultats à télécharger.

---

Le réseau Internet évolue très rapidement. De nouveaux outils de recherche apparaissent régulièrement. De nouveaux types d'outils de recherche apparaissent aussi, comme Semio, un moteur de recherche-sémiotique, http://www.semio.com.

---

22 Sources : *La Presse* (22 janvier 1998) et *Multimédium :* « Un agent de recherche en quête d'humanité », http://www.mmedium.com/cgi-bin/nouvelles.cgi?Id = 1461.

## TABLEAU 3.5

### SEMIO[23]

Le concept sous-tendant le fonctionnement de SemioMap est relativement simple :

- Dans un premier temps, un robot semblable à ceux mis au point par des entreprises comme AltaVista (le moteur de Digital Equipment) ou Infoseek parcourt Internet (ou tout autre espace inforoutier) à la recherche des mots présents dans les textes.

- Dans un deuxième temps, SemioMap construit un lexique à partir des mots recueillis par le robot.

- Dans un troisième temps, le logiciel construit une sorte de grappe conceptuelle, c'est-à-dire qu'il associe entre eux, selon l'importance des liens les unissant — et en temps réel — les différents termes présents dans le lexique (un mot qu'on retrouve souvent associé à un autre dans un contexte particulier est donc relié à ce mot).

- Dans un quatrième temps, SemioMap construit un dictionnaire à l'aide des relations établies à l'étape précédente.

- Dans un dernier temps, le logiciel présente l'information qu'il a obtenue et analysée de façon cohérente et logique, sous la forme d'un graphique en deux dimensions, semblable à celui qu'on retrouve ci-dessous. En appuyant sur une vignette, on a accès aux documents qui se cachent derrière.

23 Bientôt sur vos écrans, tiré de *La puce CEVEIL*, CEVEIL, 1997, vol. 3, n° 1, http://www.ceveil.qc.ca.

**Figure 3.9**

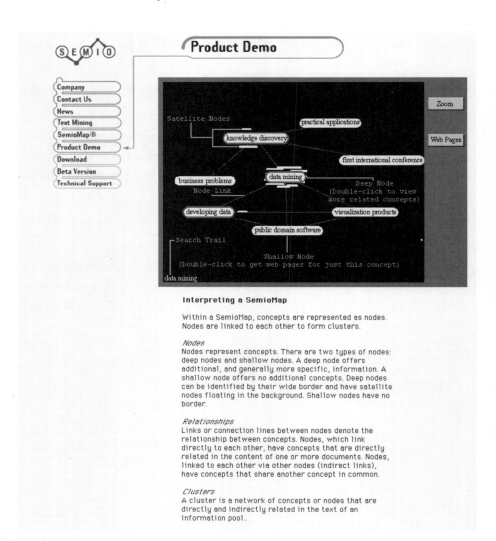

## Interpreting a SemioMap

Within a SemioMap, concepts are represented as nodes.
Nodes are linked to each other to form clusters.

*Nodes*
Nodes represent concepts. There are two types of nodes:
deep nodes and shallow nodes. A deep node offers
additional, and generally more specific, information. A
shallow node offers no additional concepts. Deep nodes
can be identified by their wide border and have satellite
nodes floating in the background. Shallow nodes have no
border.

*Relationships*
Links or connection lines between nodes denote the
relationship between concepts. Nodes, which link
directly to each other, have concepts that are directly
related in the content of one or more documents. Nodes,
linked to each other via other nodes (indirect links),
have concepts that share another concept in common.

*Clusters*
A cluster is a network of concepts or nodes that are
directly and indirectly related in the text of an
information pool..

*Search Trail*
The search path indicates the direction in which you
have navigated through a SemioMap. The path shows the
nodes that you have zoomed through. Selecting any node
on the trail will take you backward to that map.

*Zoom Button*
The Zoom Button re-maps your query based on the
selected nodes.

*Web Page Button*
By clicking the "WEB PAGE" button, takes you to the
actual documents that relate to the selected nodes.

**Using a SemioMap**

With a mouse and a keyboard, you can navigate through
text using SemioMap. The piloting features of SemioMap,
allow you to move forward and backward through a
series of SemioMaps or "Zoom-in" on nodes. At any time
during your navigation, you can view the documents
connected to concepts, or relationships.

- *Select a node* by clicking on it. To select multiple
  nodes, hold down the shift key and click-on all
  desired nodes. A selected node will change to
  green. To de-select a node, click anywhere on the
  black space of the map.

- *To zoom through a deep node* (simple zoom),
  double-click on it. The node will flower-out, take
  you forward and show you the underlying
  relationships and concepts. (Note: You cannot zoom
  through a shallow node since there are no
  underlying relationships. If you try to zoom
  through a shallow node, you will be delivered a
  list of documents based upon that node.)

- *To move backward*, click on the search trail
  located in the bottom left corner of the SemioMap
  window. The search trail indicates each forward
  movement you've made through the map. By
  selecting any node on the trail, SemioMap will
  take you back to the cluster around that node.

- *To view documents*, select the desired node or
  related nodes and click the "VIEW PAGES" button.
  Alternatively, if you double-click on a shallow
  node, you will receive the document related to
  just that node.

I'd like try SemioMap 2.0

Company . Contact Us . News . Text Mining . SemioMap® . Product Demo . Download . Beta Version . Technical Support

Il faut évidemment des outils de recherche, répertoires et moteurs, dans les intranets et les extranets comme dans le réseau Internet. Mais les publics visés et les stratégies de communication y diffèrent beaucoup. Il faut donc les y utiliser différemment. Là encore les modalités varient et varieront de plus en plus. Mais les principes sont les mêmes. Parfois, les répertoires conviennent mieux que les moteurs, parfois non. Chacun exige des pratiques adaptées. En particulier, dans les intranets et les extranets, les préoccupations de confidentialité et de sécurité sont souvent plus contraignantes.

Les trucs présentés dans ce chapitre et le suivant seront de moins en moins utiles avec le temps. Mais ils illustrent les attitudes qu'il faudra de plus en plus développer pour être efficace dans Internet. Par exemple, pour le moment, la presque totalité des moteurs de recherche sont américains. Cela pourrait changer prochainement. On sent une préoccupation réelle dans la francophonie pour la mise au point de moteurs de recherche faits pour fonctionner dans des contextes multilingues.

# Prendre langue

*Toute entreprise qui navigue sur le Web,*
*devient instantanément une multinationale.*

**Wired**

Selon une publication du CEVEIL[24], 75 % des gens d'affaires européens ne connaîtraient pas l'anglais — il en irait de même, du reste, de la quasi-totalité des gestionnaires chinois. Pour les gens d'affaires québécois désireux de s'ouvrir au « village global virtuel », la barrière des langues constitue indéniablement un obstacle non négligeable. Toutefois, il existe désormais des moyens permettant d'enrayer — du moins partiellement — les ghettos linguistiques : l'indexation multilingue des sites Internet et les outils de traduction automatique conçus pour ce réseau constituent souvent, en effet, des choix plus avantageux que l'inscription à des cours intensifs de chinois, d'espagnol ou de russe...

---

24 *La Puce CEVEIL,* 8 août 1997 http://ceveil.qc.ca.

L'utilité fondamentale de ces techniques est de permettre un premier contact avec les clients de langue autre que le français ou l'anglais. On y recourt pour traduire simultanément les pages Web visitées ou les messages de courrier électronique reçus et envoyés, de même que pour insérer dans le site d'une entreprise des termes significatifs en plusieurs langues afin d'en faciliter le repérage par des internautes étrangers.

**Figure 4.1**

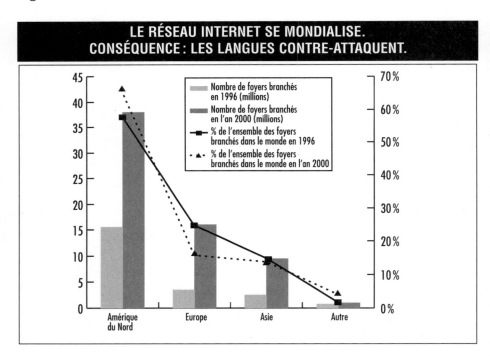

Source : *The Economist,* 10 mai 1997, p. S5.

Pour l'entrepreneur qui désire vendre ou acheter des produits à l'étranger, ou y dénicher des partenaires commerciaux, s'afficher partiellement dans la langue du client potentiel et même l'utiliser un peu peut faciliter les communications d'affaires. Dans ce domaine, plus que tout autre peut-être, la courtoisie fait souvent toute la différence... Des pages Web partiellement polyglottes réussiront à attirer l'intérêt de plus d'internautes étrangers. Plus l'éventail des langues prises en compte sera large, plus notre entrepreneur sera apte à satisfaire une clientèle étrangère «venue de loin» et ne maîtrisant pas nécessairement la langue de Shakespeare. Imaginons une petite enseigne, sur le comptoir d'un commis d'aéroport, affichant les mots suivants : «Je suis polyglotte». Nul doute que les voyageurs du cyberespace excédés de devoir s'exprimer continuellement dans un anglais hésitant choisiront cet entrepreneur virtuellement polyglotte pour être servis...

## UNE DEVANTURE MULTILINGUE

Les coûts de traduction étant ce qu'ils sont, il est évidemment difficile d'offrir un site Web multilingue dans son intégralité, surtout lorsque les mises à jour sont fréquentes. Il est raisonnable, toutefois, de nous organiser pour que les internautes étrangers intéressés à notre offre commerciale soient amenés sur nos pages par les outils de recherche qu'ils utilisent.

Il faut donc tenter de faire inscrire notre site en différentes langues dans les nombreux répertoires qui se trouvent dans le réseau Internet pour en accroître les probabilités de repérage et, par conséquent, la visibilité. On peut, par exemple, rédiger le texte de l'inscription en plus d'une langue ou coiffer le site d'un titre où le nom du produit figurera en plusieurs langues. Un peu comme si, dans un magasin faisant le commerce des agendas, les employés ne parlaient qu'anglais et français, mais que la vitrine affichait des traductions — arabe, chinoise, etc.— du mot «agenda». Cette devanture pourrait éventuellement éveiller l'intérêt des passants d'origine étrangère et les inciter à entrer dans la boutique pour y consulter une brochure multilingue. Dans cet exemple, les traductions dans la vitrine correspondent au titre du site en plusieurs langues dans les répertoires, et la brochure multilingue correspond à des pages rédigées partiellement en diverses langues. Quant aux passants, il s'agit, bien sûr, de clients à la recherche d'un produit dans le réseau Internet.

Ces stratégies de création de titres et d'inscriptions multilingues peuvent favoriser le repérage par les robots des moteurs de recherche lors des recherches menées par les internautes de diverses origines. Ces pages auront plus de chances d'être repérées lorsque des clients potentiels tape- ront le nom du produit dans leurs langues respectives. On le voit, la manière de rédiger ces éléments a un effet direct sur le nombre de per- sonnes qui dénicheront le site par l'intermédiaire d'un outil de recherche.

Voici quelques exemples de trucs utilisables pour obtenir de tels résultats. Ces trucs sont, hélas, un peu techniques. On ne les explique pas en détail ici. On les présente pour vous permettre d'en constater les possibilités. Il vous faudra les adapter selon vos stratégies de communication.

### Un conseil amical

Le Web est un outil de communication. Pensez-y ! Et ne perdez pas de vue que vous devez adapter votre stratégie en fonction de vos objectifs d'affaires.

La concurrence est forte sur le Web. Les gagnants devront faire plus et mieux. Mais il ne faut pas faire n'importe quoi — surtout pas de fausse représentation ! — comme le montre cet extrait d'un livre récent :

### On ne trompe pas un moteur impunément !

(97-09-16) Un juge américain interdit à un éditeur de site (Calvin Designer Label) de cacher dans ses pages des mots clés qui induisent les moteurs de recherche à le pointer sous de fausses représentations. La cause type porte sur des contenus éro- tiques, le plaignant étant le magazine *Playboy,* mais elle a une portée plus large : cette pratique des « **métalabels** » (*meta-tags*) est très répandue et constitue une des tac- tiques préférées des **webmestres** pour faire « sortir » leurs sites aux premiers rangs dans Yahoo !, Excite, etc....

Source : C/Net. Vallier Lapierre et Yves Leclerc, *L'État du cybercommerce 1998-1996,* Coédition Fortune 1000 Sainte-Foy et Communications ViaNET, Montréal, 1998, p. 103.

 860. TAG PAIR ;

PAIRED TAGS ;

SET OF TAGS ;

**couple de marqueurs n. m. ;**
**couple de balises n. m. ;**
**paire de balises n. f. ;**
**couple marqueur n. m.**

**En langage HTML, ensemble constitué d'un marqueur**
**de début et d'un marqueur de fin.**

 1017. WEBMASTER ;

WEBMISTRESS ;

**webmestre n.**

**Personne dont la principale responsabilité est la**
**maintenance d'un site Web et la bonne marche d'un**
**serveur Web, qui peut également être chargée de la**
**mise à jour ou même de la création des documents**
**Web diffusés par l'organisme auquel elle est rattachée.**

## À PROPOS DES MOTS CLÉS

Comment procéder, en pratique, pour que son site soit repéré en plusieurs langues dans les outils de recherche ? La plupart de ces trucs sont plus utiles avec les moteurs de recherche qu'avec les répertoires. Chez ceux-ci, les indexeurs sont des personnes qui porteront jugement sur la meilleure description d'un site et sur les références à y faire. Les indexeurs numériques, les robots et les agents intelligents des moteurs de recherche visitent régulièrement les sites et en indexent les contenus.

Cela permet, jusqu'à un certain point, au concepteur de pages Web avisé d'influer sur leurs possibilités de repérage et sur l'ordre de leur affichage à la suite d'une requête. Par exemple, une page où les notions importantes figureront à maintes reprises — et ce, à la fois dans le titre et dans le texte de la page — aura de meilleures chances qu'une autre d'être repérée par les moteurs de recherche, puisque la fréquence d'apparition d'une expression dans une page constitue l'un des principaux critères utilisés par plusieurs moteurs pour déterminer l'appartenance à un thème. C'est aussi cette fréquence, de concert avec d'autres éléments, qui permet aux moteurs de recherche d'évaluer les pages repérées par une requête et de les classer par ordre de pertinence présumée. Là encore, la présence en plusieurs langues des notions importantes est souhaitable, puisque, souvent, certains mots sont communs à nombre de langues ou se ressemblent énormément d'une langue à l'autre, ce qui augmente la fréquence d'apparition des termes importants. On peut le constater, dans l'exemple suivant, avec le mot « classement » :

- Bienvenue chez Classement design,
  le chef de file mondial en conception de classeurs de bureau
  [français]/

- Willkommen zum Design Classement,
  der Weltführer im Dateidesign [allemand]/

- Recepción al diseño de Classement,
  el arranque de cinta del mundo en diseño del fichero [espagnol]/

- Benvenuto al disegno di Classement,
  la guida del mondo nel disegno della lima [italien].

Quel est le nombre de répétitions permises ? Cela varie d'un moteur de recherche à l'autre. Rappelons toutefois que, si l'on retient deux mots clés ou, comme dans l'exemple suivant, un seul traduit en plusieurs langues, il est préférable, si l'on désire effectuer des répétitions, de procéder en « chassé-croisé » : agenda, appointment book, Terminkalender, appointment book, agenda, Terminkalender et non : agenda, agenda, appointment book, appointment book, Terminkalender, Terminkalender.

Pour que vos pages soient repérées le plus souvent possible et en plusieurs langues, voici quelques conseils pratiques :

**Trouver un titre qui soit « descriptif »**

Il est avantageux de donner un titre dans lequel les notions — que nous appellerons par la suite « mots clés » — qui représentent le mieux l'entreprise figureront en plusieurs langues. Sur le Web, ce titre s'affiche dans la bordure tout en haut de l'écran, à côté du symbole et du nom du fureteur employé.

Dans le document HTML, cela correspond au texte compris entre les balises < TITLE > et < /TITLE > qui, comme leur nom l'indique, servent précisément à « encadrer » le titre de la page Web. On pourrait, par exemple, imaginer un titre comme celui-ci : < TITLE > *Les agendas Saint-Hyacinthe, agenda, appointment book, Terminkalender* < /TITLE > . Qu'est-ce que tout ce charabia ?

C'est justement ça le HTML. Ce sont des façons convenues de rédiger des pages qui ainsi seront comprises par tous les micro-ordinateurs. Les titres, les images, les textes, etc., y sont accompagnés d'étiquettes, de balises, par exemple < TITLE > ou < META > . Des tests ayant démontré que ce sont les titres comprenant cinq mots qui donnent les meilleurs résultats[25], il est recommandé de choisir un titre de départ relativement court, compte tenu des traductions à incorporer. Le choix du titre est vraiment primordial : d'une part, il est le premier élément que les robots visitent ;

---

25 Voir au chapitre 3, « Un titre accrocheur », note de bas de page n° 17.

d'autre part, on le reprend bien souvent ensuite tel quel dans le préambule du texte d'inscription destiné aux répertoires. Par exemple :

- **Les agendas Saint-Hyacinthe** (également le titre du site Web)

  Nous fabriquons des agendas de première qualité. Notre renommée mondiale s'explique par l'aspect très design de nos produits.

  http://www.agendas-hyacinthe.com/

### Les 20 premiers mots de la page d'accueil

Ils devraient impérativement décrire l'entreprise ainsi que ses produits ou services. Si certains robots d'indexation copient les 20 premières lignes d'une page ou l'analysent en entier pour en extraire le sujet, d'autres ne prélèvent que les 20 premiers mots. Il est donc préférable d'opter pour le plus petit dénominateur commun afin que la page soit indexée convenablement par tous. Par contre, si l'entrepreneur arrive à reconnaître l'outil avec robot que sa clientèle cible emploie le plus, il peut choisir d'adapter délibérément sa stratégie au mode d'indexation de cet outil.

Comme chaque outil de recherche a ses particularités, il est nécessaire de lire les modes d'emploi ou d'essayer les engins pour voir comment ils affichent les résultats. Pour tout stratège de communication d'affaires, il importe de se renseigner le plus possible sur le sujet, de même que sur le public utilisant chacun des outils.

Voici un tableau de quelques particularités, qui illustre le travail à faire pour bien communiquer avec les robots d'indexation des moteurs de recherche.

| TABLEAU 4.1 | |
| --- | --- |
| **LES ÉLÉMENTS DONT LES ROBOTS D'INDEXATION NE TIENNENT PAS COMPTE** | |
| **Éléments** | **Exemple** |
| Texte figurant à l'intérieur d'images (que ces dernières soient « ordinaires » ou qu'il soit possible de cliquer dessus). | Le nom d'une entreprise dans un logo ou le sommaire en images d'un site. |
| Texte contenu dans une page à fenêtres multiples ou dans des fichiers multimédias. | Les choix offerts par la barre de navigation d'une page à fenêtres multiples. |
| Champ méta contenant un mot clé répété abusivement[26]. Il est possible, dans ce cas, que le robot se limite au contenu de la page destinée au public pour prélever des renseignements (titre du document, 20 premiers mots ou 20 premières lignes). Il s'agit là d'une possibilité, non d'une constante. Beaucoup d'auteurs de sites ont réussi à berner des robots avec un mot clé répété de façon abusive. | <META NAME="keywords" content="agendas, agendas, agendas, agendas, agendas, agendas, agendas, agendas, agendas, agendas, agendas, agendas, agendas, agendas, agendas, agendas, agendas, agendas, agendas, agendas, agendas, agendas, agendas, agendas, agendas, agendas, agendas, agendas, agendas, agendas, agendas, agendas, agendas, agendas, agendas, agendas, agendas, agendas, agendas, agendas, agendas, agendas, agendas"> |

Évidemment, on peut se demander quelle est l'utilité de favoriser ainsi le repérage international d'un site si seul son préambule est multilingue ou s'il ne comporte en tout et pour tout que quelques mots clés en différentes langues dans son titre ou le corps du texte.

---

26 Répéter certains termes augmente leurs chances d'être repérés et permet au site d'être cité plus tôt dans la liste des réponses.

À cela on peut répondre que beaucoup d'Allemands, d'Espagnols, d'Italiens, etc., même s'ils se débrouillent en anglais ou en français, recherchent avant tout des sites dans leur langue, ce qui les amène à effectuer leurs recherches à l'aide de termes allemands, espagnols ou italiens. Si la stratégie de la « devanture multilingue » fait en sorte que le site essentiellement francophone d'un entrepreneur québécois figure au répertoire des sites résultant d'une recherche menée dans la propre langue de ces utilisateurs, on peut espérer que, tels les passants d'origine étrangère devant la vitrine évoquée plus haut, ils feront tout de même une petite halte pour visiter le site.

Il est vrai, toutefois, que la stratégie à adopter dépend en grande partie des objectifs d'affaires poursuivis par l'entrepreneur, notamment de la clientèle qu'il vise et du type de produits et services qu'il offre. Par exemple, si l'entrepreneur vend des livres en français et vise principalement le marché francophone européen, il se bornera à faciliter le repérage de son site par les outils européens de langue française et les principaux outils américains — ces derniers étant mondialement connus et utilisés. Par contre, s'il vend des agendas de bureau plurilingues et cherche plutôt à rejoindre une clientèle étrangère éloignée, l'entrepreneur devra tenir compte de la réalité du multilinguisme et viser à la fois les outils internationaux américains et ceux des pays concernés. On ne rejoint pas une clientèle internationale en annonçant dans le journal de son quartier. De même, un bon site pour la clientèle de son quartier devrait être très différent d'un site pour la clientèle internationale.

Dans le cas d'une stratégie de « devanture multilingue », il faudra parfois, pour être bien compris, adapter, selon la langue et le public visés, les termes choisis au lieu de traduire littéralement les mots originaux. On pourra, par exemple, retenir des termes plus généraux ou plus spécialisés, plus explicites ou plus vagues, ou encore ajouter des termes complémentaires qui précisent le contexte. Sur ce plan, et en dépit de toutes les nuances linguistiques dont on doit tenir compte et pour lesquelles l'intervention humaine demeure irremplaçable, les logiciels de traduction automatique peuvent se révéler d'une aide appréciable lorsque vient le moment d'effectuer les traductions requises.

## À PROPOS DE VOS *PRODUCTOS*

L'entrepreneur désireux de favoriser le repérage de son site en utilisant diverses langues doit être disposé, on s'en doute, à effectuer par la suite des affaires dans ces mêmes langues. Lui faut-il alors un secrétaire polyglotte ou un traducteur branché sur le réseau, prêt à effectuer du travail sur demande ? Comment réagir à un message en provenance de Barcelone qui se lirait ainsi :

> *¿Están sus agendas disponibles en púrpura?*

> Vos agendas sont-ils offerts dans la couleur pourpre ?

Comment, d'une part, traduire cette missive, puis, d'autre part, y répondre correctement en espagnol ?

La traduction automatique pourrait bien constituer une réponse partielle à ces questions. Primo, elle est rapide ; secundo, elle permet à l'entrepreneur d'être relativement autonome, et ce, en tout temps. C'est une solution d'autant plus attrayante qu'elle se marie bien à la réalité du réseau Internet : elle peut s'effectuer en ligne, aussi rapidement que transitent les communications elles-mêmes. Il suffit de coupler des logiciels de traduction automatique au navigateur et à la messagerie employés pour être en mesure de traduire en direct pages Web et courrier électronique.

## LES TRADUCTEURS EN LIGNE

Certains de ces outils de traduction sont mis gracieusement à la disposition des utilisateurs du réseau Internet. Dans plusieurs cas, le choix est offert parmi cinq paires de langues : anglais-français, anglais-allemand, anglais-espagnol, anglais-italien et anglais-portugais. Voici deux de ces logiciels :

- *AltaVista Translations Service*
  http://babelfish.altavista.digital.com/cgi-bin/translate

- *Uni-Verse de Global Links*
  http://www.uni-verse.com/

Les résultats obtenus par ces outils, de prime abord, ne manqueront pas d'impressionner l'utilisateur novice. La traduction d'une page Web, par exemple, s'affichera instantanément. Dans la mise en pages originale, on retrouvera les logos d'entreprise, toile de fond, images, etc. Mais que valent réellement ces types d'outils ? Sont-ils assez perfectionnés pour être utilisables ? Quelles en sont les limites ?

En fait, les outils de traduction automatique servent plutôt, pour l'instant, à défricher un texte écrit en langue étrangère, c'est-à-dire à comprendre grosso modo ce que le document dit. Ils effectuent du bon travail lorsque les phrases à traduire sont courtes et simples et le vocabulaire limité — bien qu'ils se trompent çà et là, notamment en présence de noms propres ou de mots polysémiques. C'est pourquoi, du reste, certains experts affirment que ce type d'outil ne fonctionne à son meilleur que dans des domaines spécialisés et très restreints, par exemple la météorologie. Les résultats obtenus sont alors plus que satisfaisants.

Pour la machine, le texte d'un document est comme un ensemble de mots détachés les uns des autres ; elle traduit donc ces derniers un à un. Il lui est impossible d'accéder au sens qui se dégage de la mise en commun de tous ces mots. Pour être vraiment efficaces et utiles, les outils de traduction automatique actuels nécessitent, à vrai dire, que l'on s'abaisse à leur niveau d'intelligence en leur fournissant des textes qui, au départ, leur faciliteront la tâche : phrases succinctes et peu compliquées, vocabulaire répétitif où les mots ne peuvent emprunter qu'un seul sens, absence d'expressions imagées, etc. C'est ce qu'on appelle le langage simplifié. On utilise aussi parfois les expressions langage contrôlé ou langage rationalisé.

Il existe des logiciels dédiés à la rédaction/conversion en langage simplifié. Ces instruments connaissent les mots qui faciliteront la tâche aux outils de traduction automatique. Ils suggéreront, par exemple, d'employer «invité» pour désigner une personne invitée plutôt que «hôte», ce dernier terme pouvant également se rapporter, selon le contexte, à la personne qui invite.

Le recours à cette pratique permet à certaines entreprises non seulement d'améliorer leurs traductions automatiques mais aussi d'uniformiser la rédaction de leurs textes techniques : le vocabulaire y est plus homogène, la lisibilité meilleure, etc. Lorsqu'une entreprise doit produire, chaque année, des milliers de manuels d'utilisation et qu'elle recourt aux services de plusieurs centaines de rédacteurs, il importe que le vocabulaire utilisé soit le même d'un rédacteur à un autre, par souci de qualité mais également pour permettre à tous de «parler le même langage». À titre d'exemple, voici deux importantes entreprises qui font appel à un outil d'aide à la rédaction en langage simplifié.

**General Motors**

Afin de normaliser la présentation, le niveau de détail et le style de chacun de ses manuels techniques en français, GM emploie un outil facilitant la rédaction en anglais simplifié. Ce logiciel veille à ce que pas moins de 95 règles différentes soient respectées par les rédacteurs en ce qui concerne le lexique et la syntaxe. Sur le plan lexical, le logiciel signalera au rédacteur technique l'emploi de mots non approuvés (ex. : *alternator*), indiquera les substituts acceptables (ex. : *generator* plutôt qu'*alternator*) et donnera des exemples de bons et de mauvais usages. En ce qui concerne la syntaxe, il relèvera la présence d'erreurs syntaxiques et de tournures

125

de phrases interdites, offrira des exemples de bonnes et de mauvaises structures et suggérera la révision des passages particulièrement délicats. Une fois révisés, les manuels font l'objet d'une traduction automatique, puis sont revus par des traducteurs professionnels.

### Caterpillar

Cette entreprise, qui doit traduire annuellement en plus de 35 langues quelque 100 000 nouvelles pages de documentation, a visé une réduction à la fois des délais de traduction et des coûts reliés à cette opération en mettant au point un outil de traduction automatique, doublé d'une norme d'anglais simplifié. La norme comprend un dictionnaire de plusieurs milliers de mots — ces derniers délibérément limités, pour la plupart, à une seule signification. Elle contient également une banque de plusieurs dizaines de milliers de phrases techniques réutilisables, lesquelles sont, là aussi, à signification univoque. Enfin, elle établit un jeu de règles relatives à l'emploi des pronoms, des conjonctions de coordination, des subordonnées et autres.

### ¿COMPRENDO ?

Par ailleurs, même si l'entrepreneur limite l'emploi de son outil de traduction automatique à un domaine bien défini et se plie aux contraintes du langage simplifié, il lui sera toujours difficile de s'assurer, sans l'aide d'un traducteur professionnel humain, que les versions polonaise ou japonaise d'un de ses textes respectent bien l'esprit de l'original rédigé en langue française. En recevant la réponse du client étranger, elle-même traduite en français, il constatera sans doute, à l'occasion, que, au détour des traductions et retraductions, se sont glissés quelques erreurs, confusions de sens ou malentendus... Les résultats obtenus par la traduction automatique, en effet, sont parfois des plus cocasses, comme en témoignent les deux exemples suivants :

• Texte d'origine : Notre compagnie a un chiffre d'affaires de 2 millions de dollars canadiens. Nous importons des accessoires de salles de bain. Nous recherchons un fournisseur de robinets asiatiques.

La traduction par un logiciel : *Our company has a business number of 2 millions $ Canadian. We import accessories of bathroom. We search for Asian faucet supplier.*

Ce qui voudrait dire en français : Notre compagnie a un nombre d'affaires de 2 millions de Canadien de dollars. Nous importons des accessoires de salles de bain. Nous recherchons le fournisseur asiatique de robinet.

Ou encore :

• Texte d'origine : Notre compagnie est installée au Québec. Elle a 150 employés et fabrique des croustilles (*chips*) de toutes sortes. Nous aimerions trouver un partenaire pour commercialiser nos produits en Chine.

Sa traduction par un logiciel : *Our company is localized in Quebec. It has been 150 employees and factory of croustilleses (crisps) of all the ways. We would like to find a Chinese partner to merchandise our products in China.*

Sa signification retraduite : Notre compagnie est localisée au Québec. Ça a été 150 employés et usine des croustilleses (*chips*) de toutes les voies. Nous voudrions trouver un associé chinois pour marchandiser nos produits en Chine.

**Encore quelques « bêtises » ?**

Réjean Roy a déniché pour vous ces quelques perles « authentiques »..., preuve, s'il en faut, que les traductions littérales comportent des risques !

- The lift is being fixed for the day next day. Under that time we regret that you will bearable (panneau sur un ascenseur).
- Specialists in women and other diseases (affiche sur la porte d'un médecin).
- Our wines leave nothing to hope for (dans un resto).
- Customers will be executed in good order (dans une boutique).

On voit que le logiciel peut se fourvoyer là où il importe le plus d'être compris. Ainsi, dans le second exemple, le client potentiel risque de ne pas saisir ce que l'entreprise vend exactement.

Est-il néanmoins possible, peu importe la nature de nos produits ou services, de nous débrouiller avec un outil de traduction automatique grand public, sans être obligé de le spécialiser en lui adjoignant un glossaire relatif à notre domaine d'activité ? Oui, à condition de vérifier soigneusement certains détails comme, entre autres, les traductions effectuées sur les noms de produits.

En effet, ceux-ci, surtout s'il s'agit, à la base, de noms communs, risquent de faire l'objet d'une traduction intempestive puisque, rappelons-le, l'outil ne traduit que des mots isolés et non le sens du texte. De même, il ne faudra pas s'attendre non plus à ce qu'un traducteur automatique perçoive le jeu de mots à la base du nom d'une compagnie ou d'un produit, et encore moins espérer qu'il pourra restituer cet effet dans une autre langue. Ce type de vérification s'avérera particulièrement important et délicat lorsque les langues d'arrivée ne seront pas d'origine occidentale — tels le chinois ou l'arabe. Ces langues, en effet, expriment souvent le rapport entre les sons et les concepts de façon très différente des langues occidentales, ce qui engendre des problèmes, bien connus des traducteurs, et particulièrement préoccupants dans un contexte de traduction automatique.

Néanmoins, pour transformer la traduction automatique de son état actuel en un véritable outil de commercialisation, et surtout de stratégie de communication d'affaires, il faudra se résigner à aborder la dimension des glossaires spécialisés et du langage simplifié, avec les coûts que cela suppose. Une fois cette dimension intégrée, il ne faudra jamais, pour autant, perdre de vue que ces logiciels visent la compréhension globale du contenu d'un texte de langue étrangère, et non la réalisation d'une traduction irréprochable. Cela signifie que, par prudence, on avisera toujours le client potentiel que l'on a recours à ce type d'outil et qu'il comporte des limites...

**C'est pas parce qu'on a le câble-modem que la pizza arrive plus vite ! C'est parce que le livreur a mis ses pneus d'hiver.**

Vous avez attiré un client japonais sur votre site multilingue ; vous lui avez vendu un de vos produits (une tuque autographiée par Jean-Luc Brassard. Il ne reste plus maintenant qu'à la mettre entre ses mains), ce qui est souvent plus simple à dire qu'à faire...

En effet, la plupart des biens conçus dans le monde (tuques comprises) sont faits d'atomes plutôt que de bits, ce qui suppose qu'ils doivent être acheminés à l'acheteur par la voie postale. Malheureusement, le coût élevé de la poste internationale et sa lenteur (le colis doit franchir des zones postales plus ou moins bien gérées ; passer d'un moyen de transport à l'autre ; subir les assauts des douaniers, etc.) n'ont rien pour susciter l'enthousiasme de l'acheteur moyen, pour qui, selon les sondages, rien n'est plus important que l'arrivée à temps (c'est-à-dire rapidement) du bien commandé.

Comme on le voit, pour tirer pleinement profit de la mondialisation, mieux vaut avoir les moyens postaux de sa politique électronique.

## LE RISQUE ACCEPTABLE

En demande-t-on trop aux traducteurs automatiques ? Sont-ils trop coûteux à fabriquer par rapport à leur performance actuelle ? Il est difficile de répondre à ces questions de manière péremptoire... Dans certains cas, cette forme peu coûteuse de communication avec une clientèle potentielle étrangère s'avère utile, voire rentable, en dépit des lacunes constatées. Ce peut être le cas, par exemple, lorsque l'entrepreneur sait demeurer réaliste dans ses objectifs en choisissant d'utiliser cet outil.

Dans d'autres cas, il sera sans doute préférable pour l'entrepreneur de refuser le risque inhérent à ces lacunes, parce que les objectifs en jeu sont ambitieux et nécessitent l'utilisation d'un logiciel fiable et performant. On devra alors payer les coûts élevés d'une traduction humaine professionnelle, mais on ne sera pas pour autant à l'abri de certaines erreurs, notamment si la traduction concerne des documents compliqués et spécialisés. Entre ces deux positions extrêmes, on retrouve une intéressante solution mitoyenne consistant, comme nous l'avons déjà mentionné, à ajouter au traducteur automatique un logiciel d'aide à la rédaction en langage simplifié.

Au moment de faire un choix, l'entrepreneur doit évaluer le degré de risque acceptable selon plusieurs facteurs, dont celui de l'importance qu'il doit accorder à son image de marque. En effet, en dépit des avertissements transmis aux clients potentiels quant aux lacunes éventuelles de la traduction, l'envoi de messages mal traduits peut contribuer à donner une piètre image de l'entreprise.

Ce problème trouve des échos, du reste, dans la documentation professionnelle, où les avis divergent selon que la préséance est accordée à l'efficacité de l'entreprise ou à son image de marque. Les tenants de la seconde option prônent la nécessité de respecter l'intégrité de la langue étrangère : « Assurez-vous d'une traduction professionnelle que seuls des experts sont en mesure de vous fournir. Vous devez établir une relation de confiance avec vos publics étrangers, leur prouver que vous pouvez bien les servir. Vous ne pouvez vous permettre de « massacrer » leur langue avec une mauvaise traduction. Vous n'en avez pas les moyens financiers[27]. »

D'autres, quant à eux, font valoir la nécessité d'être « de son époque » et de composer avec les nouvelles réalités technologiques, en plus de souligner que les impératifs économiques et temporels ne laissent pas toujours d'autre choix. C'est ainsi que l'on peut lire dans la section des « Solutions de traduction » du site Web de l'entreprise québécoise Alis Technologies : « Bien que la traduction traditionnelle, par un être humain, demeure indispensable à la production de documents de marketing, de rapports annuels ou de documents hautement spécialisés, le processus de traduction consomme d'importantes ressources humaines et financières et se fait dans des délais qui sont tout simplement incompatibles avec les médias dynamiques que l'on connaît aujourd'hui[28]. »

---

27 Boulanger, Annie. *Internet Les stratégies marketing*, Éditions Logiques, 1997, p. 74.

28 URL des Solutions de traductions d'Alis, http://www.alis.com/index.fr.html.

## Figure 4.2

# LES SOLUTIONS DE TRADUCTION DE ALIS

http://www.alis.com/ATS/intro_ats.fr.html

 A propos d'Alis     Nouvelles et événements     Produits Tango    Produits arabes    Carte du site    Page d'accueil

Solutions de traduction d'Alis

Solutions en ingénierie linguistique

Services professionnels

Assistance technique

## Les Solutions de traduction Alis

ENGLISH

De nouvelles solutions pour franchir les barrières linguistiques

### Un bien petit monde ...

Aujourd'hui plus que jamais, les entreprises parlent de mondialisation et d'expansion internationale.
Le monde est bien petit, dit-on.

*Mais la réalité est souvent tout autre.*

Nous pensons à vos clients potentiels, qui parlent le japonais ou l'espagnol et qui essaient de déchiffrer la langue de votre site Web, ou à des collègues de travail qui passent leur temps à courir à droite et à gauche pour aider à traduire des messages électroniques.

Nous pensons à vous, qui essayez de saisir ce qui s'est dit au sujet de votre entreprise dans un article de journal allemand. Nous pensons à votre service des communications, dont le rendement est mis à rude épreuve par le besoin par la nécessité de publier des documents dans plusieurs langues.

### Élargissez vos horizons

Pour toute multinationale désirant accroître la productivité de sa main-d'oeuvre, pour tout fournisseur de services en ligne ou éditeur souhaitant augmenter le nombre de leurs abonnés ou pour toute organisation voulant évoluer efficacement sur le marché international,

*il est crucial de franchir les barrières linguistiques.*

En intégrant la technologie de base de traitement des langues d'Alis et des produits de traduction de haut calibre, et en y ajoutant toute une gamme de services complémentaires, les Solutions de traduction d'Alis augmentent les perspectives de marché et la productivité de votre entreprise. Car en effet, c'est l'ensemble des communications avec vos clients, vos fournisseurs et vos employés, partout dans le monde, qui s'en trouvent améliorées.

Conçues spécialement pour l'entreprise, ces solutions sont caractérisées par un degré d'intégration, une facilité d'utilisation et une qualité qui dépassent les produits et services linguistiques individuels.

**ATS en bref**

- Le plus grand éventail disponible d'applications et de langues ;

- Un choix d'outils et de services qui procurent ensemble une qualité optimale de traduction ;

- Des solutions conçues sur mesure pour les besoins de votre organisation ;

- Un ensemble complet de services qui assure une mise en place et un entretien sans soucis ;

- Un système ouvert qui rend aisés les ajouts et les mises à niveau ;

- Un système capable d'accommoder un grand nombre d'utilisateurs ;

- Un système facile d'utilisation, tant pour les utilisateurs finaux que pour les administrateurs de systèmes.

132

| Au sujet d'ATS | |
|---|---|
| Utilisations d'ATS | Composantes d'ATS |
| Technologie de pointe | Services connexes d'ATS |

**ATS est conçu pour aider :**

- Toute compagnie ou organisation qui cherche à maximiser la rentabilité de son site Web et à offrir un service supérieur à ses clients de langues diverses ;

- Toute compagnie ou organisation qui veut améliorer son efficacité à l'interne en facilitant la communication entre ses employés;

- Tout fournisseur de services ou publication en ligne qui vise à élargir le nombre de ses abonnés à l'aide de formules novatrices qui comportent une haute valeur ajoutée.

Solutions de traduction d'Alis – Solutions en ingénierie linguistique – Produits Tango – Produits arabes – À propos d'Alis – Nouvelles et événements – Carte du site – Page d'accueil

## Figure 4.3

**LES UTILISATIONS DE LA TRADUCTION AUTOMATIQUE**

http://www.alis.com/ATS/ats_applications.fr.html

### Utilisations multiples

ENGLISH

Les Solutions de traduction d'Alis vous permettent, tout comme à vos clients et à vos employés, de traduire aisément des documents d'usage quotidien en cliquant simplement sur un bouton de sélection de langue. Pages Web, documentation intranet, présentations, messages électroniques et autres types de documents préservent leur format et deviennent rapidement intelligibles à un public beaucoup plus vaste.

Pour franchir les barrières linguistiques qui empêchent votre entreprise de communiquer efficacement à l'échelle mondiale, les Solutions de traduction d'Alis peuvent s'appliquer aux activités internes de façons diverses et complémentaires :

● **Édition de documents sur le Web et les intranets**
Pour les entreprises qui souhaitent augmenter leurs perspectives de marché et améliorer leurs communications internes en publiant automatiquement leur site Web en plusieurs langues.

● **Navigation Web**
Pour les entreprises désireuses d'élargir les connaissances de leurs employés en leur offrant un moyen rapide et facile de traduire toute page Web dans leur propre langue.

Pour les entreprises désireuses d'élargir les connaissances de leurs employés en leur offrant un moyen rapide et facile de traduire toute page Web dans leur propre langue.

● **Diffusion de documents à l'interne**
Pour les entreprises qui cherchent à promouvoir la circulation des documents internes en proposant aux employés un moyen facile de traduire les documents dans leur propre langue.

● **Messages électroniques**
Pour les entreprises qui souhaitent accroître l'efficacité de leur personnel.

● **Et plus encore**
Les Solutions de traduction d'Alis peuvent être fortement personnalisées pour qu'elles puissent s'attaquer à une variété d'applications propres au client, qu'il s'agisse de bulletins de service ou de recherches dans des bases de données.

Solutions de traduction d'Alis – Solutions en ingénierie linguistique – Produits Tango – Produits arabes – À propos d'Alis – Nouvelles et événements – Carte du site – Page d'accueil

**Dernière modification : 15 septembre 1997**
**Alis Technologies Inc. Copyright © 1997**

134

## LA SOLUTION

Faut-il se résigner à « appauvrir » le vocabulaire et le style des textes pour optimiser les résultats de la traduction automatique ? Pour l'instant, hélas, une réponse affirmative s'avère nécessaire... On peut, toutefois, se faire l'avocat du diable et avancer que, les textes « littéraires » exceptés, tout document bénéficiera de cet « appauvrissement », dans la mesure où cela permettra de remédier à l'»ambiguïté» des textes — bénéfice considérable, si l'on tient compte des dangers potentiels reliés à la présence d'ambiguïtés dans les communications. Rappelons, à titre d'exemple, qu'il y a quelques années, un accident de train mortel à la gare de Lyon fut causé précisément par une confusion entre les deux sens possibles d'un terme figurant dans les manuels d'entretien de la locomotive[29].

Évidemment, on peut se demander s'il est facile d'acquérir l'habitude, avec ou sans l'aide d'un logiciel de rédaction en langage simplifié, de recourir à ce mode d'expression appauvri quand vient le moment de rédiger messages et pages Web. La réponse dépend, sans doute, du domaine d'application, de sa complexité et de l'étendue de son vocabulaire.

Par ailleurs, le recours à la technique du langage simplifié présente l'important désavantage d'alourdir, en ce qui concerne les délais et les coûts supplémentaires, le processus de traduction automatique. Si les grandes entreprises disposent généralement du temps et des ressources nécessaires pour se permettre de mener, rapidement et de front, la réécriture d'un texte en langage simplifié et sa traduction automatique, les PME, pour leur part, sont moins bien nanties lorsque vient le moment de prendre une décision. Elles sont donc aux prises avec le dilemme suivant : courir le risque d'une mauvaise communication, ou prendre en charge les coûts reliés à l'obtention de meilleures traductions automatiques.

---

29 La Puce CEVEIL, vol. 2, n° 7, http://ceveil.qc.ca.

La conclusion générale qui semble s'imposer, en ce qui concerne les outils de traduction automatique, est donc que ce type d'outil, encore imparfait, ne pourra servir que pour certains types d'échanges avec la clientèle étrangère. Pour ratifier des ventes et conclure des ententes sans risque de malentendu, il s'avérera nécessaire d'investir davantage : soit afin de spécialiser son logiciel de traduction en l'adaptant au jargon spécifique du produit commercialisé, et ce, en plusieurs langues ; soit en faisant vérifier les résultats des traductions automatiques par des traducteurs humains. Dans les deux cas, inutile de se leurrer : les coûts seront élevés, amenant les cyniques à prétendre que la solution la plus économique de toutes consiste, en fait, à engager du personnel multilingue !

Il faut que les clients potentiels viennent consulter notre site pour nous connaître. Parfois des indexeurs humains nous les amèneront grâce à des répertoires. Parfois des indexeurs numériques, des robots, le feront grâce à des moteurs de recherche de plus en plus puissants. Parfois ils viendront par des hyperliens que d'autres auront placés dans leurs pages et qui mèneront aux nôtres. Enfin, ils viendront aussi parce que d'autres personnes le leur auront conseillé. Pour gagner, il faut jouer sur tous les tableaux. Mais il faut aussi cibler. Mettre les efforts là où l'on a le plus de chance de rejoindre son public.

Par la suite, il faut utiliser tous les trucs possibles pour communiquer avec ces clients potentiels dans la langue de leur choix. Plus nos pages et nos messages seront clairs, simples, écrits en langage simplifié, plus on y arrivera. Il ne suffit donc pas toujours d'avoir des pages attrayantes et originales pour rejoindre son public.

# CHAPITRE 5

# La grande convergence

*(Il) est clair que (la convergence) contient de grandes occasions. (Elle) recèle aussi des pièges. Le problème sera d'éviter les pièges, de saisir les occasions et de rentrer chez soi pour six heures.*

**Woody Allen**

Malgré toutes les statistiques qui révèlent un nombre sans cesse croissant de nouveaux internautes ou de nouveaux propriétaires d'ordinateurs, Internet demeure un phénomène marginal si on le compare à celui de la télévision.

### Une bande d'accros

La population mondiale d'**internautes** est petite, mais 82 % des internautes considèrent que l'accès au Web est indispensable.

**DÉFINITION** 151. CYBERNAUT ;

NET-CITIZEN ;

NETIZEN ;

INTERNETTER ;

INTERNET CITIZEN ;

NETWORK CITIZEN ;

**internaute n. ;**
**cybernaute n.**
**Quasi-syn. cyberexplorateur n. m.**

**Utilisateur du réseau Internet.**

Selon un article de Gary Chapman, paru dans le *Los Angeles Times*[30], la population mondiale d'utilisateurs du réseau Internet ne représente que 4 % de l'auditoire international de l'émission *Baywatch*. Cependant, contrairement au populaire feuilleton, l'avantage du réseau Internet est d'offrir une diffusion en continu des sites. En effet, *Baywatch* est diffusé en plusieurs langues et à des horaires variables. Plusieurs facteurs expliquent cet écart entre la série télévisée et Internet.

### Cote d'écoute ou cote d'échange ?

La télé est toujours au sommet, mais sa domination n'est plus ce qu'elle était. Ainsi, selon *Le Devoir*, Internet a grugé une forte partie de l'auditoire du réseau de télé CBS pendant les Jeux olympiques de Nagano. En 14 jours, quelque 500 millions de consultations ont été effectuées sur le site officiel des Jeux — une moyenne de 35 millions par jour. En comparaison, 45 millions d'Américains synthonisaient chaque soir les Olympiques à CBS.

---

30 Chapman, Gary. « The Internet May Be the Latest Media Darling, but It's no *Baywatch* », *Los Angeles Times*.

Le réseau Internet, originellement un réseau de chercheurs, d'universitaires, demeure un outil compliqué à apprivoiser pour le commun des mortels. Il faut s'abonner, s'équiper des logiciels appropriés, apprendre à se brancher, naviguer, communiquer, télécharger des mises à jour de fureteurs et régler des problèmes de fonctionnement. Quels avantages monsieur Tout-le-monde tirerait-il à se procurer un ordinateur et à se brancher sur le réseau Internet? Pourquoi voudrait-il naviguer pour trouver des informations, télécharger des jeux, des logiciels, effectuer des transactions bancaires en ligne, des achats?

## INTERNET DOMESTIQUÉ

La vente des ordinateurs augmente sans cesse. En effet, une étude d'AC Nielson et IDC révèle que le nombre de ménages qui avaient l'intention d'acquérir un ordinateur pour Noël, en 1997, a doublé comparativement à l'année précédente. Et, fait important, 48 % des acheteurs potentiels en étaient à leur premier achat informatique. Mentionnons qu'en 1997 quelque 40 % des ménages américains possédaient un ordinateur. Au Québec[31], selon de récentes données du CEFRIO, 38 % des ménages sont informatisés et 11 % ont accès à Internet, comparativement à 24 % et 6 % à la fin de 1996.

Si l'on peut acheter un téléviseur couleur pour 200 $, il faut débourser au moins 1000 $ dans le cas d'un ordinateur. À ce coût s'ajoute l'abonnement mensuel à Internet. Pour faire passer le nombre mondial d'internautes de 4 % à 50 % de celui de l'émission *Baywatch*, ce réseau doit devenir pratique, d'usage quotidien et aussi attrayant qu'un poste de télévision. Faut-il alors «sortir» Internet de l'ordinateur, de l'espace de travail,

---

31 Pour en savoir plus, consulter *Informatisation des ménages québécois et accès à l'autoroute de l'information,* Collection Infomètre, CEFRIO, 1997. Pour les données de 1998, le CEFRIO, le RISQ et le BSQ présenteront de nouveaux résultats à l'automne. Elles seront disponibles à www.cefrio.qc.ca.

et l'intégrer dans le téléviseur installé au salon pour séduire la population ? Internet arrivera-t-il par la télévision hybride ou par l'ordinateur bon marché ? Des entreprises importantes comme Bell, Vidéotron, AT&T et Microsoft ont compris l'enjeu de se lancer dans les solutions Internet-télévision pour en démocratiser l'accès, avec les énormes bénéfices qui en découleront peut-être. La course entre ces différents projets témoigne de l'éventualité, pour le public en général, d'accéder bientôt à Internet par des moyens à sa portée.

## TABLEAU 5.1
### DIFFÉRENTS PROJETS, DIFFÉRENTES SOLUTIONS

| Formule | Caractéristiques | Périphériques | Prix |
|---------|------------------|---------------|------|
| Ordinateur personnel | Poste individuel | modem<br>moniteur | environ 2000 $ |
| Ordinateur réseau (*Network Computer*) | Ordinateur qui doit être branché sur un réseau à haut débit pour exploiter des logiciels Internet. | moniteur | 1000 $ |
| Décodeur Cogeco (projet) | Décodeur utilisant une plate-forme ouverte (*Open Cable*) pour intégrer tous les services de télécommunications : films sur demande, téléphone, vidéoconférence, Internet, etc. | téléviseur | Faible coût envisagé |
| Décodeur Télé-Web | Décodeur offrant l'accès au réseau Internet par le téléviseur. Familiarité avec l'objet. En retard sur la technologie. | téléviseur | 199 $ |

**612.** MODEM

**modem** n. m.

Dispositif qui convertit un signal numérique en signal analogique et vice-versa, permettant ainsi à un ordinateur ou à un terminal de communiquer avec un autre ordinateur ou un autre terminal, notamment par ligne téléphonique.

**Les ordinateurs réseau**

On parle, entre autres, d'ordinateurs réseau (*Network Computer*) qui sont offerts à un prix variant de 500 $ à 1000 $ et qui deviennent réellement intelligents lorsqu'ils sont branchés sur un réseau grand public. Ce réseau fournit à l'ordinateur les logiciels Internet. Ces ordinateurs réseau, qu'on a surnommés « ordinateurs stupides », tirent leur intelligence d'une connexion constante au réseau. Des appareils électroniques courants proposent aussi un accès aux principaux services du réseau Internet : téléphones, décodeurs télé, consoles de jeux et agendas électroniques. Ils permettent souvent à l'utilisateur de récupérer son courrier électronique, de mettre à jour ses pages Web ou simplement de naviguer dans le cyberespace.

- Le iPhone de l'entreprise CIDCO[32] en est un exemple. Cet appareil téléphonique, doté d'un petit écran, coûte 500 $ et sert à effectuer rapidement dans Internet des recherches dans les Pages Jaunes, à consulter l'horaire des compagnies aériennes ou à passer une commande au supermarché.

---

32 http://www.cidco.com/

- L'ordinateur réseau d'Oracle (*Network Computer*[32]), qui utilise les réseaux à haut débit, est un autre exemple.

658. NETWORK COMPUTER

ABRÉV. NC

OFFICE NET BOX

CORPORATE NET BOX

QUASI-SYN. NET BOX

**Terminal Internet n.m.**

**Ordinet n.m.**

**Appareil comparable à un terminal passif ou à un terminal intelligent, selon les constructeurs, qui donne souvent accès à un réseau intranet et qui permet une utilisation limitée du réseau Internet.**

### Le Webtélé

Les **décodeurs** de type WebTV, qui donnent accès à la fois au Web et à la télévision, gagnent du terrain aux États-Unis. Le WebTV est un décodeur Internet (ou *net-top box*) qui permet d'accéder au réseau Internet par la télévision.

 405. INTERNETBOX ;

HOME NET BOX ;

**Boîtier Internet n.m. ;**
**Décodeur Internet n.m. ;**
**Quasi-syn. console Internet n.f.**

**Boîtier décodeur qui, associé à un téléviseur ou à un magnétoscope et relié à une ligne téléphonique, permet un accès limité au réseau Internet.**

Le **WebTV** a commencé à effectuer une percée aux États-Unis grâce à des prix de l'ordre de 199 $ US chacun. En octobre 1997, Microsoft avait vendu 150 000 décodeurs WebTV aux États-Unis et comptait porter ce chiffre à un million d'exemplaires avant la fin de 1998. Même si l'on doit considérer WebTV comme une technologie de transition — car les sites Web, lorsqu'ils comportent du texte, s'affichent mal sur un écran de télévision —, il n'en demeure pas moins un premier modèle d'intégration commercialisable.

 1018B. WebTV

**webtélé n. f. ;**
**télé-web n. f.**

**Téléviseur donnant accès au Web grâce à un boîtier Internet ou à un modem-câble.**

À quoi peut ressembler une intégration d'Internet à la télévision comme WebTV ? À un décodeur branché dans Internet qui utilise les protocoles et une interface Web. L'utilisateur, au moyen de son clavier sans fil et de la boule-souris dont il est doté, clique sur les images et les boutons pour naviguer, tandis que les images de télévision s'affichent sous forme de fenêtres à configurer sur l'écran du téléviseur.

Le fabricant du décodeur WebTV, lui, n'hésite pas à qualifier son appareil de « meilleure télévision ». À partir d'un écran de télévision, les consommateurs ont accès à un contenu qui leur permet d'interagir par une messagerie ou des canaux de **bavardage** ainsi qu'à des bases de données qu'ils interrogent au moyen d'un clavier, en attendant de le faire par la voix. Selon le président de WebTV, Steve Perlman, la technologie Télé-Web représente une évolution de la télévision actuelle plutôt qu'une invasion du divertissement à domicile par le réseau Internet : « Certes, le service donne accès au vaste contenu d'Internet. Mais l'avantage du Télé-Web réside cependant en ce qu'il produit un guide électronique des émissions, avec l'horaire des spectacles, qui offre la possibilité de lire la description d'un film et d'obtenir la filmographie des acteurs[33] ». De plus, on peut enregistrer des films sur le disque dur du décodeur. Pour Steve Perlman, le Télé-Web correspond ni plus ni moins à de la télévision interactive, mais avec un contenu plus étoffé et de meilleure qualité.

---

33 Denton, Nicholas. « WebTV aims to be known as " better TV" », *The Financial Post*, 25 octobre 1997, page 60 : « The user can access the entire Internet through a telephone modem. However, WebTV's pride is an electronic program guide, which, as well as giving show times, provides a link to a description of a film, for instance, and from that a filmography of the star. »

**DÉFINITION** 99. CHAT SESSION ;

IRC SESSION ;

IRC DISCUSSION ;

CHAT ;

**session de bavardage n. f. ;**

**bavardage n. m. ;**

**conversation IRC n. f.**

**Séance d'échange d'idées interactive et en temps réel entre des internautes, effectuée au moyen du service de bavardage Internet.**

Si les possibilités du réseau Internet servent à enrichir la télévision, à la rendre plus attrayante, le Web pourrait-il être oublié, relégué au second plan ? Le WebTV tuera-t-il Internet ?

**Le décodeur Cogeco**

Pour l'avenir se dessine la solution du décodeur de type « guichet unique » de Cogeco (*Open Cable*[34]), qui intégrera des services de téléphonie, de films sur demande en temps réel et d'accès à Internet.

La solution de Cogeco, même si elle ne constitue qu'un projet, semble très prometteuse. Le bouquet de services qu'elle offre pourrait bien séduire le public : « La position de marché des compagnies de câble se prête admirablement bien à l'offre des services complémentaires qui utilisent ou non notre infrastructure technique et qui n'appartiennent pas

---

34 Selon le président de Cogeco, Louis Audet, Open Cable est une plate-forme « performante, intelligente, multifonctionnelle, adoptée comme standard [...], garante de services accessibles au plus grand nombre et à faible coût ».

**Figure 5.1**

## LES SERVICES INTERACTIFS DE BELL

http://www.bell.ca/totalvision/fr/store/default.htm

Services interactifs
La Vitrine

Les essais de marché

La Vitrine

Services Télévision
Services Haute Vitesse
Offres spéciales
Commande en direct

Quoi de neuf?

*Bienvenue*
**à La Vitrine.**
Une expérience qui risque
de *transformer* vos loisirs.

**Voici ce que**
**vous y**
**trouverez :**

- Des promotions et des offres spéciales pour nos nouveaux services Télévision et Haute Vitesse
- Une liste complète de nos services Télévision, y compris des forfaits thématiques spéciaux (famille, divertissement, etc.) et des canaux aisément accessibles de télévision payante et de télévision à la carte
- Des services Haute Vitesse permettant d'accéder à Internet par votre téléviseur ou votre ordinateur
- Une rubrique de commande en direct (pour l'instant, seuls les participants aux essais de Repentigny et de London peuvent s'abonner à ces services; tous les autres visiteurs sont invités à naviguer et à découvrir le visage de la télévision et des services informatiques du futur)
- Des renseignements concernant le Centre d'assistance

(Remarque : Tous les prix affichés sont des tarifs mensuels, sauf les frais d'installation et ceux de la carte Ethernet qui ne sont exigibles qu'une fois.)

commander

nécessairement à l'entreprise du câble, tels que le téléphone sans fil, le téléavertisseur, les communications interurbaines, les services de surveillance d'alarme, les services bancaires et j'en passe. C'est ce qu'on appelle le *bundling* ou le guichet unique. Un réseau d'alliances en mouvance est en voie de se constituer pour permettre ce *bundling* et Cogeco s'y prépare activement», affirme le PDG de Cogeco, Louis Audet[35].

Avec sa large bande passante déjà accessible dans les foyers, le câble s'annonce comme un véhicule attrayant pour des services numériques. Mais le câble a de la concurrence. Les services d'accès Internet ultrarapides par lignes téléphoniques, comme les **RNIS** (Réseaux numériques à intégration de services) mais surtout les LNPA (Lignes numériques à paire asymétrique) de Bell ou de Québec Tel offrent aussi des performances appréciables et pourraient devenir une technologie à vocation populaire.

Quant à l'accès par satellite, son fonctionnement en alternance avec un modem et son antenne parabolique peu commode à installer n'en font peut-être pas le meilleur candidat à la convergence[36].

 49. RNIS

**Note. RNIS signifie : réseau numérique à intégration de services. [il] est régi par un ensemble de normes qui permettent au réseau téléphonique de transmettre sous forme numérique et ce, de façon synchronisée, du texte, du son et des images.**

---

35 http://ww2.cgocable.ca/fr/core/speach/index.html «Les télécommunications à l'aube du XXIᵉ siècle : du désir à la réalité», allocution de Louis Audet devant la Chambre de commerce du Montréal métropolitain, le 18 novembre 1997.

36 Bélanger, André et Jean-Hugues Roy. Le Guide Internet n° 1, 3ᵉ édition, de *Québec Science*, Montréal, 1997, p. 8-14.

L'avenir est-il aux services d'accès à Internet ultrarapides ou aux fournisseurs de largeur de bande pour l'intégration de services ? Pour les projets de convergence les plus prometteurs, un problème de taille subsiste : comment remplacer progressivement tous les téléviseurs actuels à faible résolution par d'autres, capables d'afficher au moins autant d'information que le font les moniteurs des ordinateurs ? Combien coûteront ces nouveaux téléviseurs ?

Ces futurs appareils ressembleront-ils aux téléviseurs haute définition déjà sur le marché (HDTV) ? « On pourrait penser un peu plus loin et dire qu'un téléviseur HDTV n'est en fait qu'un gros moniteur pour un PC et que le câble modem ainsi que l'ordinateur sont deux décodeurs », conclut Nicholas Gagnon, directeur du marketing chez Cogeco. Le consommateur aura-t-il les moyens de s'équiper de deux décodeurs et d'un moniteur ? N'est-il pas plus simple de convertir l'ordinateur en télévision que l'inverse ? L'avenir le dira.

## LA RECONNAISSANCE VOCALE

Au même titre que la convergence des médias sur le petit écran rendra plus accessible Internet au grand public, on pourrait croire qu'Internet sera lui aussi plus accessible au moyen de la reconnaissance vocale. N'allons pas si vite.

Certains observateurs du milieu des nouvelles technologies pensent que la reconnaissance vocale n'augmentera la convivialité du « téléviseur-convergence » que pour un petit nombre d'utilisateurs. Les personnes handicapées ? Les technophobes ? Il est difficile de se prononcer pour l'instant. Les sceptiques soutiennent que ce mode d'accès au téléviseur — ou à l'ordinateur — constitue une expérience cognitive trop pauvre pour être implantée à grande échelle. La preuve, selon eux, c'est que les outils de recherche de type répertoire comme Yahoo !, avec des mots hypertextes qui invitent les internautes à les lire, à cliquer sur eux, sont plus populaires que les outils qui n'en ont pas, comme AltaVista. Toutefois, ils admettent que la reconnaissance vocale augmentera la convivialité du «téléviseur-convergence», même si elle s'avérait une expérience cognitive plus pauvre.

### Mario Lemieux a accroché ses patins

La société montréalaise Locus Dialogue est le producteur de la Standardiste virtuelle, un système informatique capable de comprendre et d'exécuter les demandes d'acheminement d'appels téléphoniques qui lui sont transmises. On peut s'adresser à la réceptionniste-automate de façon tout à fait normale (pas besoin de faire de pause entre deux mots par exemple), en français ou en anglais.

Il est possible de tester une version bêta de la Standardiste virtuelle (tél. : (514) 396-DEMO). Implantée dans une entreprise fictive, cette version-test permet de demander à parler à l'un des 700 joueurs œuvrant actuellement dans la Ligue nationale de hockey (ne vous attendez cependant pas à ce que Mario Lemieux prenne réellement votre appel !). Une conversation entre la Standardiste et l'usager se déroule de façon typique comme suit : [Ordinateur] «À quel joueur désirez-vous parler?» [Usager] «Je voudrais parler à Joe Sakic, s.v.p.» (ou «Je retourne l'appel de, euh, M. euh, Sakic...» ou «Joe Sakic!») [Ordinateur] «Votre appel est acheminé à Joe Sakic.»

Le problème avec ce genre d'outils, c'est qu'ils sont souvent très sensibles aux accents des utilisateurs. À titre d'exemple, les Britanniques de passage aux États-Unis éprouvent de grandes difficultés à se faire comprendre des systèmes de reconnaissance vocale mis au point par les compagnies de téléphone pour l'automatisation des appels à frais virés.

Selon Stéphane Delisle, le vice-président du marketing du fabricant montréalais d'outils de reconnaissance vocale, Locus Dialogue, la nouvelle génération d'outils est indépendante du locuteur, ce qui laisse entrevoir que le téléviseur ou l'ordinateur n'aura pas à s'habituer à la voix de quiconque pour obéir.

**Figure 5.2**

## PAGE D'ACCUEIL DE LOCUS DIALOGUE

http://www.locus.ca/francais/produit/p-produit.htm

Cependant, ce concepteur, comme d'autres, fait face à la nécessité de devoir miniaturiser l'outil pour diminuer son exigence d'exploitation. Ce type d'outil a déjà commencé à remplacer le clavier, la souris ou la téléphoniste. Qui ne connaît pas le service automatisé d'assistance annuaire 411 de Bell ? Bien que ce service soit lent et semi-automatisé, puisqu'un téléphoniste doit compléter le traitement des demandes, il prouve que la technologie de reconnaissance vocale peut répondre à n'importe quelle voix. Chez Locus Dialogue[37], le système téléphonique est entièrement automatisé, même s'il se limite à acheminer les appels aux personnes demandées.

---

37 http://www.locus.ca/

IBM offre une gamme d'outils de reconnaissance vocale, dont les plus perfectionnés permettent de piloter son ordinateur au moyen de la voix, en plus de lui dicter des textes en langage naturel. C'est le cas du produit ViaVoice Gold, grâce auquel les utilisateurs peuvent naviguer dans les logiciels et gérer l'ordinateur[38].

Toutefois, les inconditionnels de la reconnaissance vocale autant que les sceptiques s'entendent sur un point : c'est un ensemble d'éléments, comme la convergence, l'interface utilisateur ou la vitesse des lignes, qui démocratisera l'accès au réseau Internet et pas seulement la reconnaissance vocale. Lorsqu'il sera possible de commander son navigateur par la voix, de dicter des messages à son logiciel de messagerie ou de prononcer un mot clé à un outil de recherche, alors le téléviseur-convergence s'implantera peut-être à grande échelle. En effet, le clavier à infrarouge, comme nous l'avons dit, s'avère, pour le moment, peu commode dans le salon.

## QUELQUES MYTHES

Malgré ces solutions prometteuses, il importe de faire le point sur certains mythes relatifs au réseau Internet. Ces mythes révèlent les entraves d'une pleine démocratisation du Web.

D'abord, les chiffres sur le nombre croissant de nouveaux internautes, qui laissent présager que tous les terriens seront un jour branchés dans Internet. Selon des données citées par Gary Chapman dans son article du *Los Angeles Times*[39], il y aurait environ 50 millions d'internautes aux États-Unis, ce qui ne représente que 20 % de la population. Cette donnée n'est peut-être pas étrangère au fait que 20 % des Américains possèdent

---

38 *Via Voice*, IBM, http://www.fr.ibm.com/france/vtd/welcome.htm
39 Chapman, Gary. *Ibidem*.

un diplôme collégial. Notons à cet égard que les études ou sondages indiquent, au Québec comme aux États-Unis, que le profil des utilisateurs du réseau Internet se diversifie de plus en plus et se rapproche de celui de la population en général. En outre, la plupart des internautes américains utilisent le réseau au bureau ou à l'école. Cela pourrait vouloir dire que nombre de ces 50 millions d'internautes se servent du réseau pour des raisons utilitaires, pratiques, prescrites par leurs employeurs ou professeurs, et non sur une base libre et volontaire.

Si l'on se fie aux chiffres de Gary Chapman, croire qu'un jour toute la planète sera branchée dans Internet, au même titre qu'elle a adopté massivement la télévision, est utopique à courte échéance mais réaliste à moyen terme. Internet aura fort à faire avant de pouvoir atteindre la popularité d'une émission de télévision comme *Baywatch*. En effet, Internet exige un changement profond dans la culture de divertissement à domicile.

Cette culture doit intégrer une nouvelle composante, celle de l'accès interactif à l'information d'Internet, jusqu'ici identifiée et limitée à l'espace de travail. Cela explique peut-être pourquoi les utilisateurs américains du Web-télé, par exemple, se montrent rébarbatifs à utiliser le clavier infrarouge sans fil dans le salon. En effet, la navigation dans les sites Web, le bavardage en direct ou les jeux-questionnaires exigent un effort de participation constant de la part du téléspectateur. De plus, naviguer dans Internet s'avère une activité individuelle et non collective, qui concorde mal avec la nature sociale de la télévision. L'avenir dira si le salon deviendra le lieu congru pour démocratiser l'accès à Internet et si les fabricants sauront adapter leurs produits.

Que le réseau Internet se démocratise par une télévision hybride ou un ordinateur à 200 $, ces différents projets feront certainement de lui un média beaucoup plus populaire qu'il ne l'a été jusqu'ici. Tôt ou tard, ce réseau réussira à s'intégrer à la télévision, car il est lui-même la synthèse de tous les médias. dans Internet, on peut regarder des photos, lire des articles de journaux, de magazines, écouter des émissions de radio, de télévision, utiliser un téléphone intégrant la vidéo ou jouer à des jeux en réseau. De tout pour toute la famille. Avec les projets de démocratisation d'Internet, la grande convergence des médias s'accélère.

## Un support publicitaire

Dans ce contexte, on doit d'ores et déjà s'intéresser à Internet comme moyen de faire connaître ses produits ou services. Ne pourrait-on pas également les y vendre directement? Cette question est plus délicate, parce que le cybercommerce n'en est qu'à ses premiers pas. L'habitude d'acheter dans un centre commercial ou une boutique prédomine toujours. Pour l'instant, Internet est un outil fondamental pour promouvoir les produits ou services, notamment pour les PME. En effet, si Internet peut ouvrir les portes du commerce mondial, il servira aussi et peut-être, surtout, d'une autre voie médiatique locale. Plutôt que d'annoncer ses produits ou services à la radio ou dans les hebdomadaires, la PME utilisera son site Web comme support publicitaire pour éveiller l'attention des consommateurs de sa région.

**Le Web favorise-t-il le commerce? Peut-être pas comme on le croit...**

«Avez-vous déjà acheté par l'entremise du Web?» «Non», ont répondu 85 % des internautes canadiens et américains. Mais à la question «Avez-vous déjà utilisé Internet pour prendre une décision d'achat?», plus de la moitié, 53 %, ont répondu «oui».

Le réseau Internet a ceci de particulier que, pour un produit à forte valeur ajoutée, il «cible» naturellement le public. En effet, lorsqu'une entreprise vend des magnétoscopes, par exemple, les internautes prêts à acheter un de ces appareils consultent d'eux-mêmes les sites offrant des renseignements sur eux. C'est que tous les sites peuvent être repérés, dans les outils de recherche, au moyen de mots clés. En revanche, pour une entreprise qui propose un produit à faible valeur ajoutée, comme du savon, ce sera à ses dirigeants de trouver les moyens d'attirer les internautes sur son site. En attendant qu'Internet devienne un centre commercial virtuel aussi populaire qu'un vrai, l'entreprise peut annoncer ses produits et services sur un site Web que les consommateurs repéreront.

## L'INTERACTIVITÉ

Lorsque l'entreprise offre un article à faible valeur ajoutée dans Internet, comme du savon, elle doit susciter l'intérêt en exploitant les traits caractéristiques du réseau : favoriser l'interaction avec les internautes, donner de l'information pratique et présenter une dimension de divertissement. Cette entreprise ne peut se permettre d'être passive dans Internet. Elle doit asservir ce médium à ses intérêts.

Par exemple, elle peut faire participer les internautes aux publicités présentées sur son site par l'intermédiaire du courrier électronique, de forums de discussion, de jeux, de concours ou offrir gracieusement des logiciels. Son site peut également donner des conseils et de l'information pratique sur les soins de la peau ou sur la composition de ses savons. L'entreprise pourra aussi répondre à des questions sur d'autres annonces qu'elle a fait paraître dans les magazines. Par exemple, quel rouge à lèvres, de la même marque que le vernis à ongles ou le savon, le mannequin porte-t-il sur la photo ? Dans ce mode de publicité, la curiosité, le besoin d'information, l'envie de jouer et de participer du consommateur potentiel sont le moteur de l'interactivité. À l'entreprise d'exploiter ce créneau pour susciter des réactions immédiates du consommateur, favoriser la fidélité à ses marques et créer un sentiment d'appartenance, d'esprit de bon voisinage. De cette façon, Internet deviendra accessible et efficace comme le journal local ou la radio.

Edwin Artz, ancien président de la multinationale Procter and Gamble, qui est aussi le principal annonceur du monde, résumait ainsi le potentiel des réseaux électroniques qui s'offre aux entreprises : « Nous pourrons cibler non seulement des groupes démographiques, mais aussi des foyers individuels. Une famille vient-elle d'avoir un enfant ? Nous lui montrerons une publicité vantant les mérites des Pampers. Nous pourrons utiliser les jeux, le publireportage, les centres commerciaux vidéo. Nous serons en possession d'une foule d'outils pour attirer et informer le consommateur. Si notre travail est bien fait, les gens seront vissés à leurs sièges, devant leurs ordinateurs, au moment de la pub[40] ».

Les idées interactives exploitées par l'entreprise sur son site Web donnent la possibilité de créer une communauté virtuelle, la clef pour tirer profit du marché publicitaire d'Internet. Le mariage de la télévision et d'Internet rendra plus accessibles et populaires les sites Web publicitaires et interactifs, dont celui des entreprises. Au moyen d'une télécommande et d'un petit clavier, les consommateurs visiteront ces sites, participeront aux contenus proposés ou passeront leur commande. L'intégration d'Internet à la télévision — ou l'inverse —, si elle ne réussit pas à changer le mode passif des comportements dans le salon, promet certainement de s'y faire une place intéressante. On espère que le commerce électronique effectuera une percée plus grande dans l'amalgame Internet-télévision que dans Internet tout seul.

---

40 Schiller, Dan. « Les marchands du cyberespace ». *Le monde diplomatique,* mai 1996, p. 15 et 20. http://www.monde-diplomatique.fr/md/1996/05/SCHILLER/2745.html

Une entreprise, qui commercialise un produit à forte valeur ajoutée, jouit de plus d'options que celle dont le produit n'en a qu'une faible. Elle peut miser à la fois sur la fidélisation des clients par l'activité d'une communauté virtuelle, propre aux produits à faible valeur ajoutée, et sur l'information détaillée qui est spécifique aux produits plus riches en valeur, en caractéristiques, en options, etc. Une entreprise qui vend des magnétoscopes, un produit à forte valeur ajoutée, peut donc à la fois fidéliser sa clientèle par des conseils en utilisant des outils interactifs — forum de discussion, liste de diffusion, **foire aux questions** (FAQ) ou technologie du pousser (tels Castanet, PointCast ou BackWeb) — et répondre, au moyen d'explications et de photos, aux besoins d'information détaillée des consommateurs.

271. Frequently Asked Question ;
Abrév. FAQ
V. o. frequently asked question ;
Frequent Asked Question

question répétitive n. f. ;
question fréquente n. f.

Question élémentaire posée par un internaute novice.

Note. Pour éviter que les internautes novices n'encombrent le réseau avec des questions jugées simplistes par les internautes chevronnés, ces questions sont regroupées dans un fichier appelé foire aux questions auquel on peut avoir accès facilement.

LE PRÉSIDENT

### Le mot du président

Internet permet de faire un tas de choses beaucoup plus vite, à un coût bien plus bas. Mais s'il ne s'agissait que de cela, affirme Andrew Klein, fondateur de Wit Capital, www.witcapital.com, une entreprise de courtage électronique américaine, il n'y aurait pas lieu de tant s'énerver à son sujet.

Cependant, poursuit Klein, Internet fait beaucoup plus que cela. Internet provoque un véritable changement de paradigme (lorsque Dick Fosbury fut le premier à attaquer la barre de dos au saut en hauteur, il y eut changement de paradigme ; même chose le jour où Netscape décida de donner ses fureteurs au lieu de les vendre), en permettant la création de communautés virtuelles autour des activités d'une entreprise ou d'un groupe d'entreprises.

À titre d'exemple, Internet bouleversera le milieu de la finance non pas, principalement, parce que les commissions exigées par les courtiers électroniques (Wit Capital ou e.Schwab aux États-Unis, E-Trade au Canada) y seront substantiellement plus basses que celles exigées par les courtiers traditionnels (notamment parce que le client fait une bonne partie du travail du courtier, comme de remplir les formulaires interminables, à la place du courtier). Internet chamboulera le secteur surtout parce qu'il donnera la possibilité aux entrepreneurs d'accéder facilement aux petits et moyens investisseurs en possession du capital dont l'entreprise a besoin pour démarrer ou croître.

À titre d'exemple, l'entrepreneur qui vient d'avoir l'idée du siècle — et dont les rencontres avec une poignée d'investisseurs fortunés ou de *venture capitalists* ont échoué ou, encore, ne se sont jamais concrétisées — peut présenter son plan d'affaires (ex. : un plan visant la création d'un logiciel révolutionnaire) et faire part de ses besoins financiers (ex. : 500 000 $) aux dizaines de milliers de membres de la communauté Wit Capital. La chance aidant, ces derniers pourront être tentés par l'aventure.

Le système fonctionne. Après tout, avant de fonder Wit Capital, Klein l'avait déjà utilisé pour obtenir de 3500 internautes-investisseurs les 1,6 million de $US nécessaires à l'essor de sa micro-brasserie.

## LES HABITUDES D'ACHAT

Le commerce électronique pourrait être favorisé, dans le cadre d'une mixité Internet-télévision, par le manque de temps des ménages. Un article du journal *Les Affaires* révèle qu'en 1996 les ménages ne consacraient que 17 minutes en moyenne par jour à la préparation des repas[41]. Cela témoigne du fait que les gens manquent de temps pour l'ensemble des activités courantes, dont le temps alloué aux emplettes. Selon Peter Sealy, professeur américain de marketing, le consommateur voudra toujours voir le poisson ou le veston qu'il achète, mais pourrait préférer commander par Internet des biens d'usage courant, comme la nourriture pour chien ou le dentifrice. Le commerce électronique par Internet-télévision serait-il le paradis des produits de consommation courante que l'on a souvent vus en magasin ou à l'épicerie ? Signalons que les logiciels comptent parmi les types de produits les plus vendus sur le réseau Internet, parce qu'il est possible de les essayer avant de les acheter et donc de les voir à l'œuvre. Il en est de même pour les livres.

### Internet ne rapporte pas à court terme ? Qu'importe...

« Quel est notre ROI [retour sur l'investissement] en matière de commerce électronique ? C'est une blague ou quoi ? On parle de Colomb et du Nouveau Monde ici. Quel a été son ROI ? »

Source : Réponse d'Andy Groves, PDG d'Intel, à une question relative aux efforts faits par sa société sur l'autoroute électronique, cité dans « In search of the perfect market », *The Economist*, le 10 mai 1997.

---

41 Vailles, Francis. « Publicité dans Internet : les entreprises s'y prennent mal », Journal *Les Affaires*, samedi 29 novembre 1997, p. 20.

Cependant, ce commerce électronique ne saurait se développer si les entreprises se contentent d'une présence publicitaire passive dans le réseau Internet. Créer un site présentant des photos de produits avec du texte, un formulaire de commande, puis attendre que des internautes passent par là, n'est pas la meilleure stratégie à adopter. Il faut provoquer les choses, et le résultat s'appelle la communauté virtuelle.

### Le commerce électronique : quel avenir ?

Évidemment, tous ne sont pas d'accord sur la réponse, comme le démontre bien l'échange électronique suivant entre Guy Bertrand, directeur scientifique du CEVEIL, et Réjean Roy, consultant et entrepreneur.

*L'éditeur : On parle souvent des retombées qu'aura de plus en plus l'inforoute dans nos sociétés, mais il y a de profondes divergences de vue quant à l'importance exacte de ces retombées ou encore quant aux secteurs dans lesquels elles se feront surtout sentir. Quelle est votre opinion à ce sujet ?*

RR : Selon moi, il ne fait pas de doute qu'Internet chamboulera d'une manière extraordinaire le fonctionnement des sociétés occidentales, que ce soit sur le plan économique, sur le plan social ou encore sur le plan culturel.

Prenons seulement un exemple, celui d'Amazon, la plus connue des librairies électroniques accessibles par le Web. Amazon est en train de changer littéralement la façon dont se fait l'achat de livres pour, entre autres, trois raisons :

- Amazon est en fait un courtier qui sert d'intermédiaire entre le lecteur et les sociétés de distribution avec lesquelles font affaire les éditeurs. D'ailleurs, le fondateur d'Amazon, originaire de New York, a fondé son entreprise à Seattle de façon à se trouver à proximité du distributeur ayant le plus gros entrepôt de livres aux États-Unis.

- Cela permet à Amazon de fonctionner avec une marge de profit beaucoup plus réduite que les librairies traditionnelles et de m'offrir des rabais à l'achat allant de 10 % à 40 %.

- Amazon fournit un maximum de renseignements sur les livres qui m'intéressent ; le site donne en effet accès aux critiques (positives ou négatives) qu'un ouvrage a reçues dans les journaux et les magazines les plus importants des États-Unis ; Amazon me permet aussi de connaître l'opinion de personnes qui ont lu l'ouvrage qui me tente (l'envoi de recensions personnelles est encouragé à l'aide de concours) et me fait par courrier électronique des suggestions de lecture basées sur mes intérêts de lecture.

- Amazon contient (virtuellement) plusieurs centaines de milliers de titres de plus que la plus grosse des librairies ordinaires ; c'est, en fait, une sorte de grosse bibliothèque d'où il est possible de sortir n'importe quel livre.

Qu'est-ce que tout cela signifie en bout de ligne ? D'un point de vue économique, il est maintenant tout aussi facile et souvent beaucoup plus intéressant pour moi de faire mes courses dans une librairie située à l'autre bout du continent que rue Sainte-Catherine, chez Archambault ou encore Chapters. En d'autres mots, la concurrence des commerçants de détail n'est plus locale ; elle est internationale. Avant, il fallait se taper un voyage d'une heure pour aller magasiner à Plattsburgh ou à Burlington, et souvent l'enjeu n'en valait pas la chandelle ; maintenant, le meilleur des États-Unis et du monde est dans le salon des Québécois avec des offres et un service auxquels il sera souvent très dur de résister.

D'un point de vue culturel, la pénétration de l'inforoute signifie aussi que la pression pour utiliser l'anglais va s'accroître. Avant, je faisais mes achats de livres anglophones chez Coles, où on me servait en français ; je ne le fais plus parce que le bénéfice de parler français chez Coles me paraît nettement inférieur au bénéfice d'économiser en anglais chez Amazon.

*L'éditeur : Comme les francophones achètent en général leurs livres en français, le problème n'est probablement pas si grave...*

RR : Peut-être, mais de très nombreux produits, les disques ou les assiettes de céramique, par exemple, franchissent très bien les barrières linguistiques. Par ailleurs, on peut se demander combien de temps les francophones accepteront de payer 50 $ pour la traduction d'un livre américain vendu 20 $ dans sa version originale...

GB : Revenons au commerce électronique lui-même... Je ne suis pas sûr que M. Roy voie juste. Après tout, il ne faut pas oublier d'où vient Internet. C'est un médium qui est né pour le travail coopératif. Tout y est naturellement organisé pour partager des documents, des idées, des œuvres, pour placoter et s'amuser. C'est encore surtout ce qu'on y fait aujourd'hui, mais avec plus de monde. Est-ce que cela peut aussi servir à autre chose ? C'est à voir !

Internet pourra peut-être accueillir de la publicité, du fanatisme, du placotage, du voyeurisme, du divertissement, puisque ces activités ont traditionnellement envahi facilement tous les médias. Mais le commerce de détail? Il a, jusqu'ici, assez bien résisté aux autres révolutions médiatiques comme l'imprimerie et l'audiovisuel.

Il y a plusieurs types de commerce. Certains s'apparentent au travail coopératif et se développent rapidement dans Internet. D'autres s'apparentent plus au commerce de détail et ne se développent pas, comme on le voit bien selon deux récents rapports de l'OCDE. Laissez-moi vous citer quelques chiffres issus de ces rapports.

• Premièrement, plus de 80 % des sites Web faisant de la vente de détail ont un chiffre d'affaires mensuel inférieur à 10 000 $.

• Deuxièmement, à l'heure actuelle, les sommes dépensées par les consommateurs pour acheter sur le Web sont inférieures au seul chiffre des achats réalisés par General Electric par Internet — ce qui montre que l'inforoute pourrait servir d'abord et avant tout, durant les prochaines années, au commerce entre entreprises — ce qui n'a rien d'étonnant quand on sait que c'est aussi ce qui se passe dans le vrai monde.

• Troisièmement, le commerce électronique équivaudra en l'an 2000 aux 2/3 des ventes par correspondance effectuées aux États-Unis et à seulement 2 % des ventes totales du commerce de détail... Ce qui laisse peut-être penser que ceux qui prédisent qu'Internet ressemble au Klondike — ceux qui font de l'argent ne sont pas les chercheurs d'or mais les fournisseurs de pelles et de fèves au lard — ont raison.

Si l'on revient au commerce du livre, on constate que la librairie, par certains aspects, s'apparente au commerce de détail et, comme les autres acteurs de la vente de détail, subit fortement la concurrence des Club Price et des Wal-Mart. Mais la librairie s'apparente aussi au travail coopératif — on nous y suggère des pistes de recherche, des titres variés, parfois des avis sur certains de ces titres, un environnement sensoriel stimulant, un lieu de rencontres et de placotage — et c'est là ce qui pourrait rendre compte du phénomène Amazon. Mais je crois qu'il faut tenir compte des deux grandes tendances suivantes : le commerce de détail, ça se développe peu ; le commerce coopératif, ça se développe plus. Au total, ça se développe lentement alors que d'autres secteurs explosent ; la communautique surtout et aussi la publicité.

RR : Je suis d'accord avec M. Bertrand quand il souligne qu'il faut relativiser, que le commerce électronique de détail, même dans 10 ans, ne sera responsable que d'une petite part de la vente aux consommateurs et qu'il demeurera probablement toujours moins important que le commerce électronique interentreprises. Cela dit, il faut prendre en considération que 2 % d'une tarte valant plusieurs centaines de milliards de $US, ce n'est pas rien... Il faut aussi garder en tête que l'importance du commerce électronique viendra de ce qu'il changera le commerce lui-même.

Reprenons l'exemple de ma librairie. À cause de l'arrivée de rivales électroniques, la librairie traditionnelle sera forcée de se réinventer. Comme ils ne pourront pas égaler certains des rabais consentis aux acheteurs par les libraires électroniques, les libraires traditionnels devront améliorer considérablement la qualité de l'expérience vécue par leurs clients lors d'une visite... Cela signifiera probablement l'ajout de fauteuils confortables pour faire un brin de lecture, l'embauche de libraires plus qualifiés — des libraires capables de faire le même travail de recommandation qu'Amazon —, la création d'outils de recherche mis à la disposition des clients en magasin, l'achat d'un plus grand nombre de titres ou l'amélioration des délais de commande — le client n'acceptera plus de recevoir son livre huit semaines plus tard —, etc. La même chose va se passer dans le milieu de l'automobile, de l'assurance, de la décoration ou du voyage. Sous la pression des commerçants électroniques, toute entreprise aura à revoir son fonctionnement.

*L'éditeur : M. Bertrand, si je vous comprends bien, les commerçants auraient plus intérêt à investir dans Internet comme médium publicitaire que comme lieu de commerce au détail ?*

GB : Tout à fait. Internet est un instrument qui recèle d'immenses possibilités pour cibler ses auditoires comme aucun autre médium ne le permet. Ses auditoires ne seront pas rapidement aussi vastes que ceux de la télévision, mais jamais la télévision n'a permis de s'adresser à des publics aussi bien ciblés que ce que permet Internet.

Quant au commerce électronique, tant mieux pour ceux qui réussiront à se positionner sur le marché de la vente de détail électronique. En termes micro, je n'ai rien, en effet, contre 1 % de quelques milliards ! Mais en termes macro, le commerce électronique interentreprises sera beaucoup plus intéressant.

Mais attention ! Ce commerce interentreprises se passera beaucoup sur les extranets, peut-être plus que dans Internet. Ces extranets sont des pur-sang du travail coopératif et la tendance dans le commerce interentreprises est vers l'entreprise réseau. Les détaillants de taille petite et moyenne, au moins à court terme, pourraient être moins touchés par Internet que par les grandes surfaces, surtout celles qui excellent dans le travail réseau.

**Figure 5.3**

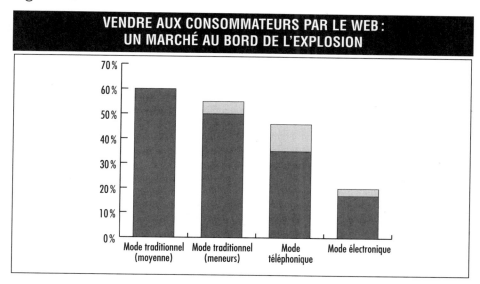

**VENDRE AUX CONSOMMATEURS PAR LE WEB :
UN MARCHÉ AU BORD DE L'EXPLOSION**

Source : Mesurer le commerce électronique, Paris, OCDE, document OCDE/GD (97) 185, 1997, p.13.

## LA LOGIQUE DU MARCHÉ INVERSÉE

**Figure 5.4**

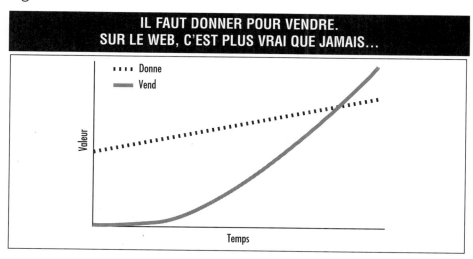

**IL FAUT DONNER POUR VENDRE.
SUR LE WEB, C'EST PLUS VRAI QUE JAMAIS…**

Dans Internet, où les internautes ont accès à une foule de renseignements sur les entreprises qui les intéressent, où ils peuvent se servir d'agents intelligents pour comparer les prix, les dirigeants d'entreprise doivent investir du temps pour s'adapter à cette logique du marché inversée. Le consommateur en sait autant sur l'entreprise que celle-ci en connaît sur le client et il détient un pouvoir sur elle. Puisque Internet est autant une grande communauté virtuelle mondiale, discutant de tous les sujets, qu'une foule de petites cellules constituées autour de thèmes et d'intérêts particuliers, l'entreprise doit arriver à s'inscrire dans cet environnement de discussion, d'échanges d'information, d'interactivité, de gratuité des services, avec un site original et utile pour la communauté visée.

### Si j'avais un char...

Par l'entremise de son site Web, la compagnie Autolinq, www.autolinq.ca, cherche actuellement à se positionner comme *le* lieu de référence québécois en ce qui concerne les automobiles.

Autolinq a été fondé en février 1996 par Jean-Philippe Paquin, le fils d'un concessionnaire automobile, et deux associés. Le site d'Autolinq donne aux acheteurs potentiels la possibilité de se renseigner sur les différents modèles de voitures vendus au Québec ; de comparer les prix et les spécifications des véhicules ; de consulter les chroniques d'un expert reconnu (le journaliste Denis Duquet) ; de calculer les mensualités à verser lors de l'achat ou de la location d'une voiture ; de converser avec les autres visiteurs du site Web (pour, par exemple, demander aux propriétaires d'un modèle ce qu'ils en pensent) ; et de prendre contact avec plus de 150 concessionnaires au Québec afin, notamment, de connaître le prix de la voiture convoitée.

Il en coûte entre 400 $ et 4 000 $ à un concessionnaire pour se doter d'un espace sur le site Web d'Autolinq ; l'entretien de cet espace (ajout de nouvelles promotions, rafraîchissement de la présentation graphique, etc.) coûte ensuite entre 29 $ et 400 $ par mois au concessionnaire. Ces prix varient évidemment selon le degré de complexité des travaux demandés. Autolinq tire une autre partie de ses revenus de la publicité faite sur le site par les constructeurs automobiles (par exemple,

Volkswagen). La compagnie ne fait cependant aucune commission sur les ventes amorcées grâce au Web.

Autolinq se double en outre d'un intranet, lequel permet aux concessionnaires membres de consulter les bulletins de la Corporation des concessionnaires automobiles du Québec, d'échanger de l'information sur la clientèle, et ainsi de suite. L'intranet pourra même être utilisé par les concessionnaires pour participer en ligne à des encans de voitures d'occasion.

«Embarquer» les concessionnaires dans l'aventure Internet ne s'est pas fait aisément, avoue Paquin. Les gens de l'automobile sont en effet assez conservateurs et, au début, ils connaissaient mal le Web ou ses possibilités. Mais les choses ont changé depuis, notamment à cause des retombées positives d'Autolinq. Certains concessionnaires reçoivent ainsi plus de 100 messages électroniques par mois d'acheteurs potentiels — messages dont 5 % à 25 % aboutissent à une vente.

Cela dit, il n'est pas certain que les concessionnaires comprennent encore très bien la façon dont l'arrivée d'Internet bouleversera le mode d'achat des automobiles. À preuve, un des collaborateurs du CEVEIL se prévalait l'automne dernier de la possibilité d'obtenir un prix de véhicule par l'entremise du courrier électronique. La réponse du concessionnaire ne se fit pas attendre :

«At 10:11 97-11-10 -0500, you wrote :

Bonjour M. Roy,

Le prix de base de la Xxxxx 1998 5 vitesses est de 14 000 $ plus 850 $ frais de transport et préparation, plus taxes. Bien sûr ce prix est négociable sur place. Nous croyons que tout se «deale» entre 4 yeux. Vous paierez moins cher ou ça sera gratuit. Si vous avez un échange, je paie 500 $ de plus. Vous ne serez pas déçu sur place, c'est garanti !!!

yvan xxxxxxx [concessionnaire] XXX-XXXX.»

Rien là pour changer l'image des vendeurs de chars !

## Et les parents ?

La page des parents, pages.infinit.net/parents, constitue un exemple de site Web à vocation purement communautaire. Les parents y retrouvent à l'heure actuelle toute l'information et tout le soutien dont ils ont besoin pour élever leur marmaille.

À l'heure actuelle, aucune présence commerciale n'est visible sur le site. À moyen terme, on pourrait toutefois envisager que l'offre de produits et de services destinés aux enfants et aux parents (et l'appropriation d'une commission sur les ventes réalisées) puisse devenir un moyen de produire des revenus pour les promoteurs du site.

De façon similaire, l'accès au site est actuellement gratuit. Cette stratégie est de bon aloi, dans la mesure où elle permettra aux promoteurs de faire le plein de visiteurs. Avec le temps et le renforcement de la position de la page, il deviendra probablement plus aisé d'imposer un tarif à l'entrée.

Dans leur ouvrage, John Hagel et Arthur G. Armstrong soutiennent qu'en réunissant, sur un site, une vaste gamme d'informations et de possibilités pour la communauté virtuelle, une entreprise aide à réduire pour les visiteurs la perception du risque d'achat[42]. De plus, ils affirment qu'en créant des communautés virtuelles fortes, les entreprises sont en mesure d'établir un public de participants et d'utiliser ce public pour récolter des revenus en publicité, frais d'accès ou coûts d'abonnement[43].

---

42 Hagel, John et Arthur G. Armstrong. *Net gain : expanding markets through virtual communities*, Boston, Harvard Business School Press, 1997, p. 10-11.

43 Hagel, John et Arthur G. Armstrong. *Ibidem*, p. 5.

**Il n'y en a pas que pour les gros**

La plupart des propriétaires de PME sont convaincus que les coûts de construction d'un site Web transactionnel — d'un site, donc, où il est possible aux visiteurs de recevoir de l'information sur un produit, de commander ce dernier et de le payer en ligne — sont tout à fait prohibitifs.

Il est pourtant tout à fait possible à la plus petite des entreprises de créer une boutique électronique parfaitement fonctionnelle pour moins de 2 000 $ environ par année.

En effet, certains outils, comme le logiciel Viaweb, www.viaweb.com, permettent la création, par un non-spécialiste de l'informatique, d'une boutique électronique permettant aux clients (particuliers ou entreprises) de réaliser des transactions commerciales par carte de crédit.

L'utilisation du logiciel de Viaweb est gratuite. Il est d'ailleurs possible d'en faire l'essai sur le site de la compagnie. Il en coûte ensuite 100 $US par mois pour abriter chez Viaweb une boutique électronique contenant jusqu'à 50 produits différents (le produit est fonctionnel, mais non simpliste ; à preuve, il est aussi utilisé par des sociétés de grande taille, comme le Cirque du soleil :

http://www.cirquedusoleil.com/fr/boutiq/index.html

Bien sûr, cette somme ne tient pas compte des frais nécessaires à la promotion du nouveau site...

## La communauté virtuelle

Quel que soit le type d'interaction que l'entreprise bâtira pour sa communauté virtuelle sur des sujets qui intéressent les consommateurs visés — forums de discussion, canaux de bavardage ou une foire aux questions —, elle devra répondre à quatre besoins fondamentaux : passion, appartenance, fantaisie et commerce.

L'échange d'information que suscitera une entreprise entre les divers participants doit ressembler aux discussions qui animent les clubs de philatélie ou de collectionneurs d'antiquités : le sujet de discussion doit être aussi précis qu'un passe-temps et passionner les participants. Au fil du temps, ces échanges doivent avoir pour but d'inspirer aux membres un sentiment d'appartenance à la communauté qui soit assez fort pour les inciter à revenir sur le site.

Les membres de la communauté auront également envie de revenir parce qu'ils peuvent, par exemple, y incarner un personnage. Dans Internet, beaucoup d'internautes causent dans les salons virtuels, où chacun peut adopter une image, un dessin ou un objet en trois dimensions qui le représente. C'est là un exemple de fantaisie, et l'entreprise doit trouver le moyen de l'adapter à sa communauté virtuelle, lorsque cela est possible.

Les membres de la communauté éprouvent le besoin de discuter entre eux des produits qu'ils ont achetés, ou qu'ils projettent d'acheter. Ces discussions ne peuvent pas être exploitées comme des intentions d'achat, car l'aspect commercial du réseau Internet n'inspire toujours pas, de façon massive, la confiance des internautes. Mais l'entreprise qui vend des antiquités, par exemple, peut offrir à sa communauté virtuelle un service de petites annonces et créer ainsi une relation de confiance avec ses membres. Une relation que ne lui offre pas le côté commercial d'Internet... Comme le pouvoir appartient aux consommateurs, l'entreprise fournit également aux membres de sa communauté virtuelle des outils qui leur permettent d'accumuler aisément et rapidement des renseignements : engins de recherche, agents intelligents ou babillards électroniques.

**Figure 5.5**

## CONSEILS DOMESTIQUES ET COMMUNAUTÉ VIRTUELLE

http://www.tide.com/stainDet/index.html

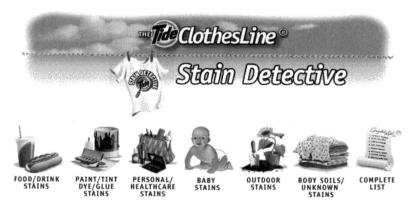

| FOOD/DRINK STAINS | PAINT/TINT DYE/GLUE STAINS | PERSONAL/ HEALTHCARE STAINS | BABY STAINS | OUTDOOR STAINS | BODY SOILS/ UNKNOWN STAINS | COMPLETE LIST |

If you've never used the Stain Detective, just follow the 3 easy steps below to get a personalized solution to the tough stains you encounter in your laundry.

**Instructions:**
The Stain Detective is a simple process:

1. First, select a stain category that most closely represents the stain you wish to remove. If you're not sure, select the "complete list." If the stain is not listed, follow the instructions for "Unknown Stains."

2. Second, use the "pop-up" menus to answer each of the three questions: (What kind of stain are you dealing with? What is the fabric you want to protect? Does the fabric have any color?) Press the "Show Results" button, and wait just a moment for The Stain Detective to search its vast database.

3. Finally, customized advice, created specifically for your personal need, is presented to you by the Stain Detective.

Unfortunately, some stains are beyond complete removal. However, our experts continue to research methods so you can get them out in the future.

**Backed by 50 years of innovations.**
The Stain Detective represents 50 years of practical, clinical and scientific investigation into what stains are made of, how they occur, and what the best procedures are to follow to remove them -- the same expertise behind America's favorite detergent, Tide. Our experts have assembled a vast wealth of data, knowledge, and information into this simple online program that lets you request a solution to your own specific stain, and delivers expert advice tailored to you.

**Thank you.**
The Stain Detective is a service proudly brought to you by The Tide ClothesLine® at http://www.clothesline.com. If you can't find what you're looking for, please Tell Us, so that we can incorporate your requests into future upgrades of the Stain Detective.

WHAT'S   TIPS &   STAIN   SPIN   TIDE   TIDE   ONLINE   TIDE   TELL
NEW!   TIMESAVERS   DETECTIVE  AND WIN  ARCHIVES  PRODUCTS  STORE  RACING  US!

[What's New] [Tips and Time Savers] [Stain Detective] [Spin and Win]
[Tide Archives] [Tide Products] [Online Store] [Tide Racing] [Tell Us]
[Home Page]

Un exemple de communauté virtuelle réussie est celle du site Tide[44]. Dans ce site, les internautes obtiennent des conseils pour faire disparaître une tache sur leur chemise, leur blouse ou leur pantalon. Ils n'ont qu'à choisir, sur un court formulaire, une réponse aux questions suivantes : nature de la tache (chocolat, vin), type de tissu (coton, polyester) et couleur du vêtement (blanc, couleur). On ne vend pas de détergent sur le site Tide, mais dans la marche à suivre pour enlever la tache, on invite à faire tremper le vêtement dans le Liquid Tide...

---

44 *Stain Detective*, http://www.tide.com/stainDet/index.html

## LE MULTILINGUISME

Qu'il soit intégré ou non à la télévision, Internet soulève les mêmes problèmes : être repéré lorsqu'on veut vendre des produits, élargir sa clientèle et même faire des affaires avec des clientèles étrangères. Ces questions deviennent plus intéressantes à résoudre à mesure que la masse de consommateurs potentiels augmente dans Internet. Un site d'entreprise repérable est un site qui profitera à la fois de l'ordinateur et de la télévision pour être vu, visité, habité. Une entreprise qui offre ce site en plusieurs langues et qui communique en plusieurs langues a la possibilité de séduire un plus grand nombre d'internautes d'origines diverses. Il en est de même pour les communautés virtuelles. Si l'entreprise entretient des forums où chacun peut communiquer dans sa langue, elle attirera un plus grand nombre d'internautes sur son site.

### En attendant la traduction automatique...

Le micro-ordinateur a son standard : Windows [...]. Internet a le sien : TCP/IP [...] un protocole de transmission qui permet à tout ordinateur, où qu'il soit dans le monde, qu'il soit PC ou Mac, de s'y brancher. La langue anglaise est maintenant le standard des communications internationales.

Source : *The Economist*

Le public de visiteurs s'élargira si le site offre des conseils en plusieurs langues ou des forums multilingues. Permettre aux consommateurs multiethniques potentiels de converser entre eux, d'obtenir des renseignements dans leur langue, de poser des questions en arabe, en espagnol ou en chinois, constitue un élément de stratégie d'affaires important : la courtoisie. Les membres de nos propres communautés ethniques préfèrent être servis dans leur langue. Dans le cadre d'une dynamique de communauté virtuelle, où l'entreprise cherche à cultiver un sentiment d'appartenance, un esprit d'échange, le multilinguisme peut être rentable.

**Prêt pour le monde ?**

Parmi les sites des 100 premiers employeurs québécois, voici le pourcentage de sites :

- en français seulement : 4 %
- en anglais seulement : 26 %
- en anglais et en français : 70 %
- en plus de 2 langues : 0 %

À l'image de l'outil de recherche AltaVista qui offre gratuitement un service de traduction automatique en ligne, les fournisseurs d'accès québécois pourront peut-être, dans un avenir rapproché, offrir le même service à leurs abonnés. Toutefois, ce type d'outil étant imparfait et traduisant approximativement les textes, il ne permet à son utilisateur que de comprendre grosso modo le sens d'un texte dans une autre langue. De ce fait, il ne convient pas à toutes les stratégies d'affaires. Si un entrepreneur se fixe un objectif réaliste quant à ses revenus et accepte de courir le risque d'être mal compris par son client étranger, il tentera d'entretenir une correspondance à l'aide d'un traducteur automatique. Si, au contraire, son objectif de revenus est ambitieux et qu'il ne veut courir aucun risque d'incompréhension de la part de ce client, il engagera plutôt un traducteur professionnel[45].

### Récent sondage

Selon une étude menée au Canada, aux États-Unis et en Grande-Bretagne pour le compte de la compagnie FedEx, 93 % des dirigeants de PME prévoient qu'Internet aura des effets bénéfiques sur l'exportation de biens et de services dans un horizon de 5 ans. En outre, plus de 75 % des entrepreneurs songent sérieusement à utiliser Internet pour passer et remplir des commandes. Les trois quarts naviguent à l'heure actuelle sur le Web pour rassembler de l'information dans le but de passer des commandes. Lors de la dernière enquête commanditée par FedEx, seulement 5 % des compagnies interrogées disaient employer Internet à des fins commerciales.

---

45 Voir le chapitre 4, « Traducteur en ligne ».

Le consommateur évitera de fastidieux déplacements ou appels téléphoniques pour comparer des produits à forte valeur ajoutée. Des vélos, par exemple. En lançant les agents dans Internet, il obtiendra une liste de sites où auront été prélevés le prix, les renseignements sur la marque, le modèle, etc. Avant même de se déplacer, le consommateur disposera du maximum de données pour savoir où téléphoner ou se rendre en premier.

Les agents intelligents peuvent servir dans toutes les situations où les déplacements ou les appels sont nombreux, voire répétés : achat devoitures, de billets d'avion, location de nouveaux films, etc. Le consommateur n'a-t-il jamais hésité entre plusieurs commerçants après avoir mené son enquête ? Pourquoi ne pas d'abord consulter Internet ? Qui sait, peut-être, un jour, le consommateur répondra-t-il à un marchand qui le presse d'acheter chez lui : « Je dois d'abord consulter mon agent » !

Certes, pour une expérience d'achat stimulante, comme celle d'un ordinateur ou d'un téléviseur, se privera-t-il du plaisir d'effectuer de nombreux coups de téléphone ou déplacements ? Non, évidemment. Mais, à une époque où le rythme des activités s'accélère, acheter en étant sûr de le faire au meilleur endroit peut être le plaisir ultime.

**Le nouveau principe de Peters**
1. Le Web va tout changer.
2. On ne sait pas comment ni quand il changera tout.
3. Alors, **faites des expériences** !

Peters, Tom. *The Circle of Innovation,* New York, Knopf, 1997, p. 95.

## ÉCOUTER SON AGENT

Déjà, des entreprises usent de cette stratégie. Certaines offrent une différence de quelques sous pour ravir la première place à un concurrent. On trouve d'autres contextes d'utilisation, grâce aux agents intelligents qui dressent le profil d'achat de chaque client. À mesure que le consommateur achète des produits, l'agent les répertorie et lui fait, ensuite, des suggestions pertinentes par rapport à ses habitudes ou à celles de consommateurs ayant un profil approchant.

De telles suggestions, si elles sont faites au consommateur qui, dans son salon, consulte Internet intégré au téléviseur, peuvent animer, stimuler, dynamiser la relation jadis passive du consommateur potentiel avec la publicité. Lorsqu'on accède à Internet par la télévision, la publicité ne peut se permettre d'être traditionnelle et passive. Les internautes, habitués à la gratuité des services, à la toute-puissance de l'individu, exècrent la publicité *traditionnelle*. Celle-ci doit plutôt constituer une source d'information riche, pertinente et interactive, qui suscite une relation avec l'utilisateur et fait oublier qu'il s'agit de publicité.

Parmi les agents intelligents chercheurs de bons prix, on compte Jango[46]. Lorsqu'on le lui demande, Jango affiche à l'écran les différents types de produits pour lesquels il peut magasiner (livres, logiciels, vins, fleurs, etc.). Par exemple, si l'on désire acheter un livre, Jango commence à visiter une liste de librairies virtuelles qu'il a déjà en mémoire et interroge chacune d'elles sur le prix du livre en question. Puis, il fournit la liste des librairies où il a trouvé le livre et dit à quel prix celui-ci est vendu. La liste est triée par ordre croissant de prix. La convergence favorisera l'usage des agents, car il sera peut-être plus naturel de « cybermagasiner » à partir de son salon que de son bureau. On peut présumer que la popularité de tels outils forcera les annonceurs du réseau Internet à se lancer dans une guerre des prix.

---

46 http://www.jango.com/

### La chute des prix

Dans un document publié récemment (le rapport Sacher), l'OCDE souligne bien les incidences que l'avènement du commerce électronique pourrait avoir à long terme sur les prix.

Théoriquement, l'arrivée des agents intelligents permettra en effet aux consommateurs de localiser rapidement le lieu électronique où un produit donné se vend le moins cher. Cela, éventuellement, devrait entraîner une harmonisation à la baisse du prix de ce produit.

Évidemment, diverses tactiques pourront être employées par les entreprises pour contrer cette tendance. Les sociétés pourront dissimuler une partie du coût des produits vendus sous la rubrique « frais de poste et de manutention ». Elles pourront aussi bloquer l'entrée des agents sur leur site. Une autre solution, à plus long terme celle-là, consistera bien sûr à ne pas lutter sur la base du prix, mais en mettant l'accent sur le service.

## La segmentation des marchés

La convergence accentuera la segmentation des marchés du Cyberespace. Selon des brèves publiées par le CEVEIL, les outils de recherche Yahoo! et Lycos permettent aux annonceurs de commanditer des mots comme « golf » ou « téléphone »[47], alors que des boursiers prévoient que Excite, Yahoo! ou Infoseek joueront un rôle déterminant dans le commerce électronique en vendant certains mots clés aux annonceurs[48]. Ces faits nous permettent d'effectuer quelques extrapolations.

---

47 CEVEIL, brève 96-11-017, http://www.ceveil.qc.ca
48 CEVEIL, brève 97-09-004, http://www.ceveil.qc.ca

**Figure 5.6**

## LA BIBLIOTHÈQUE VIRTUELLE DU CEVEIL

http://www.ceveil.qc.ca

## La bibliothèque virtuelle du CEVEIL

- Les Brèves du CEVEIL
- Les Puces CEVEIL
- Dossiers thématiques
- Normes et standards
- Varia

[PAGE D'ACCUEIL]
[Qui sommes-nous ?] [Nouveautés sur notre site] [Notre bibliothèque virtuelle]
[Nos signets] [Vitrine VOILÀ !] [Événements à signaler] [Recherche sur notre site]

L'intégration Internet-télévision, avec son volume de consommateurs plus alléchant, pourrait multiplier l'achat de mots clés par les entreprises dans les outils de recherche. Lorsqu'un internaute taperait « automobile » dans l'un d'eux, au lieu d'obtenir des **pages personnelles** sur l'histoire de la Ferrari, les voitures de collection ou la course automobile, il verrait s'afficher d'abord des pages commerciales de concessionnaires, de vendeurs de pièces détachées ou de carrossiers. Chaque mot clé, comme « automobile », « magnétoscope » ou « savon », serait couplé, non plus avec des listes de pages personnelles, mais avec des pages de produits, créant une sorte de marché virtuel segmenté par mot clé et par produit.

**DÉFINITION** 737. PERSONAL HOME PAGE ;

PERSOWEB ;

**page perso** n. f. ;
**page personnelle** n. f. ;
**page Web personnelle** n. f. ;
Quasi-syn. **page HTML personnelle** n. f.

**Document Web qui a été réalisé par un individu ou pour celui-ci, afin de diffuser de l'information sur lui-même ou sur ses activités professionnelles.**

On peut aller encore plus loin. Les outils de recherche pourraient répartir, entre plusieurs entreprises, le nombre total de fois qu'un mot clé est tapé dans une journée et, ainsi, partager entre elles la possibilité de faire apparaître leur site respectif. Cela donnerait une visibilité différente à chacune, selon le tarif qu'elles seraient prêtes à payer. Par exemple, si Chrysler achetait la première place de cette liste, un internaute qui taperait « automobile » dans l'outil de recherche — ou qui cliquerait sur ce mot, dans un répertoire —, obtiendrait aussitôt, dans la liste de sites, celui de Chrysler en tête. Les outils de recherche auraient le loisir de vendre entièrement la première place à Chrysler ou de partager ce privilège avec d'autres entreprises.

Cette segmentation pourrait s'appliquer selon un autre scénario. À la vente de mots clés, les propriétaires d'outils de recherche pourraient inclure la vente de bannières publicitaires, qui s'afficheraient comme en-tête dans les listes obtenues par mot clé. Encore ici, le principe du partage pourrait s'appliquer.

Des entreprises se spécialisent dans les services d'indexation visant à offrir la meilleure visibilité à un site. Pour 60 $ par mois, par exemple, InteliSearch[49] garantit au client que son site figurera parmi les 20 premiers de la liste de résultats. Le client n'a qu'à choisir trois mots clés ou une expression. InteliSearch indexe le site et vérifie que, lorsqu'il y a une recherche, celui-ci s'affiche parmi les premiers. Que deviendra ce type de service, si les outils de recherche décident de vendre certains de leurs mots clés ?

## ET ALORS ?

Toutes ces technologies, intranet, extranet, Internet, ont beaucoup en commun. La vie de groupe y est importante et utile, ce qui peut entraîner des problèmes de multilinguisme dont les solutions demeurent partielles bien qu'elles soient de plus en plus offertes sur les marchés traditionnels et virtuels. Il faut pouvoir s'y retrouver, y repérer ce qu'il nous faut, et ce, en sécurité, en toute confidentialité et de façon ordonnée. Elles permettent de nouvelles formes de commerce, de publicité et de collaboration. Cela représente à la fois un défi et une chance. Pour connaître le succès,

---

49 CEVEIL, brève 98-01-07, http://www.ceveil.qc.ca

il faut se fixer des objectifs clairs et ne pas se laisser trop distraire par l'effervescence que vit cette industrie. Dans de nombreux cas, les graphiques ne sont pas suffisamment stratégiques : un joli site est un atout, encore faut-il qu'on y vienne. Les outils de réalisation de pages et de sites Web fonctionnent de façon trop automatique et cela risque de nous empêcher de bien évaluer l'effet que le site créé peut avoir sur l'éventuelle clientèle.

48B98D12F

## CONCLUSION • • • • • • • •

# Lettre d'un internouille aux experts

*J'ai visité ce pays de long en large
et parlé avec nos gens d'affaires les plus éminents.
Je peux vous assurer que le traitement de données est une mode
qui ne passera pas l'année.*

**Lettre d'un éditeur à un auteur qui lui avait proposé
un livre sur le traitement des données, 1950**

Chers experts[50],

Vous soutenez souvent que rien n'est impossible, ni même compliqué. Pour l'internaute « ordinaire » que je suis, la réalité est tout autre. Il n'est pas rare que je reste perplexe devant une petite chose ou qu'un rien me déroute. Et ça, c'est sans parler de mes angoisses devant l'uniformisation ! Merci donc de condescendre à répondre à ces quelques questions.

**Un internouille**

---

50 Guy Bertand, Réjean Roy, Julie Brassard et Jian Yang ont accepté, avec beaucoup de prudence il est vrai, de jouer ici aux experts. Nous les en remercions.

**576.** LUSER ;

V. O. LOSER ;

REAL LUSER ;

**internouille n. ;**

**nultilisateur n. m. ;**

**nultilisatrice n. f.**

**Internaute qui utilise le réseau dans un but strictement pratique et qui considère l'ordinateur comme un outil et non comme une façon de vivre.**

*Question : Pourquoi a-t-on autant de problèmes de conversion de fichiers d'un système à l'autre ? On utilise de plus en plus le courrier électronique avec des fichiers attachés, mais c'est encore extrêmement frustrant de s'envoyer des fichiers !*

GB : Les fabricants de logiciels font évoluer rapidement leurs produits. D'une part, cela leur permet d'en vendre plus, car pour profiter des nouvelles versions, les clients doivent les acheter. D'autre part, s'ils n'améliorent pas rapidement leurs produits, ils risquent de perdre leurs clients ; en effet, si un autre fabricant, plus rapide, offre un nouveau produit ou une version d'un produit plus récente, comportant de nouvelles fonctions, les clients se laisseront tenter par cette occasion.

Chaque fonction d'un logiciel est représentée par un ou des codes qui la désignent individuellement. Tel code représente telle fonction. Une nouvelle version d'un produit arrive donc avec toute une série de nouveaux codes que les anciennes versions ne peuvent pas interpréter parce qu'elles ne les connaissent pas. Si je reçois en fichier attaché un fichier fait par la version 6 d'un logiciel, je ne pourrai l'utiliser avec la version 4, car elle ne reconnaîtra pas tous les codes. À plus forte raison s'il s'agit de logiciels créés par des fabricants différents. Normalement le logiciel le plus jeune[51] peut interpréter les codes des logiciels plus anciens puisqu'on les y inscrit à la fabrication.

Nous n'aurions pas ces problèmes si nous utilisions tous la même version du même logiciel...

JB : Il fut un temps où les ordinateurs qui fonctionnaient sous différents systèmes d'exploitation comme DOS, Windows et Macintosh ne pouvaient pratiquement pas communiquer entre eux. Un fichier de texte, par exemple, perdait tous ses attributs de mise en pages dès qu'on l'exportait sur une autre plate-forme. Avant l'arrivée des interfaces de type graphique (GUI - Graphical User Interface) — l'interface est la vitrine de dialogue entre une personne et le logiciel — chaque logiciel avait ses propres normes, de sorte que les fonctions ne correspondaient pas toutes aux mêmes touches sur le clavier. Les menus n'étaient pas du tout invitants et les fonctions, l'enregistrement par exemple, n'étaient pas toutes regroupées sous le même menu. Il fallait une mémoire d'éléphant pour se rappeler ces dizaines de commandes par cœur. Les systèmes informatiques n'étaient pas faits en fonction des utilisateurs. L'informatique rebutait et on comprend bien pourquoi.

Heureusement, tout cela est du passé. On a compris au début des années 80 que c'étaient les machines qui devaient s'adapter aux humains et non l'inverse ! Grâce aux normes qui régissent à présent la construction des interfaces, les fabricants de logiciels ont convenu de respecter certaines conventions pour faciliter la vie des utilisateurs. L'espace est maintenant disposé de manière similaire et les touches de raccourci sont les mêmes en général dans chaque logiciel. Une fois que nous nous sommes familiarisés avec un produit, nous pouvons relativement nous adapter aux autres assez rapidement. C'est déjà une amélioration considérable qui est

---

51 La version 6 d'un logiciel est habituellement plus récente que la version 4.

en partie à l'origine du déploiement accéléré des ordinateurs dans le monde.

Si ces transformations ont eu lieu en quelques années, il est à parier que les problèmes de conversion de fichiers seront réglés bientôt. Nous entrons maintenant dans l'ère où les communications électroniques seront telles, en nombre et en diversité, que des solutions seront rapidement proposées à ces problèmes. En attendant la solution parfaite, toutefois, il est bon de s'assurer que le fichier est enregistré dans une version antérieure ou égale à celle de l'utilisateur. En effet, plusieurs des problèmes sont associés au fait que les utilisateurs qui s'échangent des fichiers n'ont pas tous la même version du logiciel qui les a créés. Si vous utilisez Word 7 et que votre correspondant a Word 5, il ne sera pas en mesure de décoder votre texte. Enregistrer ses fichiers dans la version la plus commune peut ainsi vous éviter des problèmes.

*Question : Qui décide quoi sur la planète en informatique ? Dans le cas des prises électriques, il me faut un adaptateur pour utiliser mon sèche-cheveux en France (et plusieurs sortes d'adaptateurs si je voyage à travers le monde...). Est-ce que sera la même chose avec les grands réseaux informatiques ? Il me faudra des interfaces selon la langue utilisée, ou les choix technologiques de telle région du monde ?*

JB : En informatique comme dans d'autres domaines, c'est l'utilisation du plus grand nombre qui contribue à forger les standards. Ce sont les consommateurs qui décident. Vous vous souvenez de la guerre opposant les appareils vidéo VHS aux appareils BETA de Sony ? Beaucoup pensaient que les standards de Sony étaient supérieurs en qualité. Mais ces appareils coûtaient plus chers et Sony était seule à les produire ; donc, les consommateurs ont choisi le VHS. Nous savons ce qu'il est advenu : Sony a perdu la guerre au profit des appareils VHS. La même chose s'est produite avec les Macintosh dans le domaine des ordinateurs pour le public et les entreprises. Les IBM et autres marques compatibles se sont imposés comme la norme en raison de leur coût moindre et de leur compatibilité avec les gros ordinateurs centraux, même si les Mac avaient la cote d'amour auprès des utilisateurs. En plus, en cours de route, les PC ont adopté certaines des meilleures caractéristiques des Mac, comme les icônes et la souris, au grand bénéfice des consommateurs. C'est ainsi qu'est né le système d'exploitation qui allait alimenter 90 % des ordinateurs de la planète. Les produits s'améliorent pour répondre aux exigences des consommateurs et, aujourd'hui, même les mariages autrefois impensables se font pourtant...

Le langage d'Internet (le HTML) constitue la plus récente phase de normalisation à grande échelle. Si cette technologie est en voie de conquérir le monde entier, c'est parce qu'elle constitue une option des plus intéressantes et permet d'uniformiser davantage encore les communications entre des systèmes différents. Tous les fabricants de logiciels se dépêchent de mettre sur le marché des versions compatibles HTML. Parions que la même situation se produira avec les réseaux informatiques. L'avènement des communications numériques à l'échelle planétaire obligera les industries à s'ajuster, et les produits qui seront les plus appréciés des consommateurs pour leur coût et leurs caractéristiques imposeront leurs normes. Cette conquête des marchés se fera certainement au bénéfices des consommateurs et des surprises courent la chance de bouleverser le paysage actuel !

GB : Ce sont d'abord les acheteurs qui décident. Nous choisissons les logiciels que nous achetons. Si nous utilisons un logiciel moins récent, les autres, qui se sont mis à jour, pourront plus facilement lire les fichiers que nous leur envoyons. Mais nous, nous aurons plus de difficulté à lire les fichiers qu'ils nous envoient, puisque notre vieux logiciel ne connaît pas les nouveaux codes.

Pour éviter ces problèmes, de gros acheteurs ou de grands groupes d'acheteurs peuvent exiger des logiciels utilisant des codes acceptés par tous. Ou des fabricants peuvent s'entendre pour utiliser les mêmes codes. Ces codes partagés, acceptés par la majorité, deviennent des standards ou des normes. Tous les logiciels utilisant ces mêmes standards ou normes pourront alors s'échanger des fichiers ou des données, et se parler, sans problèmes. Les caractéristiques de nos prises électriques sont fixées par des normes nationales. Donc, elles sont semblables dans tous les pays qui utilisent la même norme. En général, les normes canadiennes et américaines se ressemblent. Mais hélas, souvent elles diffèrent des normes européennes.

Certaines normes sont internationales, les normes ISO, par exemple. Si j'achète un produit respectant les normes ISO, il sera probablement compatible avec tous les autres produits respectant les mêmes normes ISO. En informatique, il existe plusieurs normes et standards, et, même, de nombreux produits utilisent les codes de leur fabricant et ces codes leur sont exclusifs.

Les contenus des pages Web (par exemple HTML) respectent généralement les normes ISO, et elles sont, par conséquent, largement compatibles. Les URL en SMTP[52] (par exemple info@ceveil.qc.ca) fonctionnent selon des normes des États-Unis. Ils sont donc beaucoup moins universels. Ce sont leurs concepteurs qui en ont décidé ainsi. Le fonctionnement du contenu des pages Web a été mis au point en Europe et on a choisi de le faire selon des normes ISO. Pour plus de détails, aller à
http:/www.ceveil.qc.ca/normesx.html.

*Question : Pourquoi ne puis-je mettre d'accents dans les adresses de courrier électronique, dans les en-têtes (sujets) des messages électroniques ? Parfois, cela ne pose pas de problème, mais dans d'autres cas, le problème subsiste !*

---

52 SMTP (Simple Mail Transfer Protocol).

GB : Parce que ces adresses et ces en-têtes obéissent à la norme ASCII, une vieille norme américaine qui ne contient pas de codes pour représenter les accents et la cédille. Ainsi en ont décidé leurs concepteurs. Des milliers de logiciels ont, depuis, été mis en place selon cette convention et ne peuvent reconnaître d'autres codes. Cela posait peu de problèmes, tant que tous les utilisateurs étaient anglophones. Maintenant que les utilisateurs d'autres langues se multiplient, il faudrait pouvoir utiliser de nouveaux codes pour représenter plus de caractères. Mais on a convenu de respecter la norme ASCII. On ne peut donc changer cette convention du jour au lendemain.

On ne peut tout avoir. Si on n'utilise pas de standard et de norme, on peut introduire rapidement de nouveaux codes, mais on a de la difficulté à échanger des fichiers et des données. Si on respecte des normes, il devient alors difficile d'offrir de nouvelles possibilités qui demandent d'utiliser de nouveaux codes. Malgré tout, certains logiciels plus récents ont utilisé des codes différents. Ils peuvent fonctionner avec succès entre eux, avec les accents dans les en-têtes ; toutefois, ils ne concordent pas avec ceux qui s'en tiennent à la bonne vieille norme ASCII.

*Question : Est-ce que ce problème est le même dans toutes les langues ?*

JY : La norme ASCII a été faite pour le jeu de caractères, sans accents, de l'anglais, et cette norme, bien sûr, ne convient pas à la plupart des langues, celles-ci utilisant d'autres caractères, comme le « é » ou le « à » du français, le « ñ » de l'espagnol ou le « ä » de l'allemand. Mais il n'y a pas que les problèmes de signes diacritiques, comme dans le cas des langues qui utilisent un alphabet latin ! Les langues qui utilisent une écriture à idéogrammes, comme le chinois, le coréen et le japonais, ont un nombre de caractères tellement grand, variant entre des milliers et des dizaines de milliers, qu'il faut utiliser l'espace de deux caractères alphanumériques ASCII pour coder un idéogramme et deux niveaux de codage, l'un pour la saisie, l'autre pour le stockage. Inutile de dire que par rapport aux problèmes d'accents français, le carcan de la norme ASCII pose un problème autrement plus grave pour les utilisateurs de ce type de langues, lorsqu'ils veulent pouvoir représenter, saisir, transmettre et manipuler les caractères nécessaires à l'usage normal de la langue.

Dans la perspective de la mondialisation et, parallèlement, de l'informatique multilingue, la contrainte de la norme ASCII cause aussi un autre problème commun à bien d'autres langues que l'anglais. En effet, l'adoption par les technologies de numérisation d'un si petit nombre de caractères (128 en tout !) pour soutenir l'échange de l'information à travers le monde, bien que cela soit d'un impact et d'un potentiel considérables, fait que les autres langues ont dû définir, chacune pour elle, en marge de la norme ASCII mais en respectant scrupuleusement celle-ci, leur propre norme, pour leurs besoins spécifiques. En conséquence, la norme ASCII finit par créer une sorte de plaque tournante informatique à partir de laquelle l'anglais peut communiquer avec n'importe quelle autre langue, mais qui ne permet pas aux autres langues de communiquer entre elles directement. Par exemple, si l'on veut installer un logiciel de traitement de texte pour le chinois sous Windows 95 anglais, aucun problème ne se présente : l'anglais et le chinois peuvent coexister parfaitement à l'écran ; mais si l'on veut installer le même logiciel chinois sous Windows 95 français, il est fort probable que les accents français deviendront du chinois ! Sans blague, de vrais caractères chinois, puisque tout ce qui est en dehors des 128 caractères ASCII (donc en dehors des lettres non accentuées) est traité comme étant des caractères chinois ! Le même problème peut se constater quand il s'agit de logiciels coréens et japonais.

*Question : Quand cela se réglera-t-il ? Et qui peut le régler ?*

JY : Bien que la norme ASCII soit encore très utilisée en informatique, surtout en raison de vieux équipements, systèmes, données et normes, ce que l'on appelle « héritage », il est certain que l'on est de plus en plus conscient de son inconvénient dans un contexte où l'économie est mondialisée et où l'information est globale. D'une part, des normes et des standards ont été établis pour pallier ou contourner les problèmes imputables à ASCII (ainsi, nous pouvons d'ores et déjà utiliser normalement n'importe quelle langue sans aucun problème dans le Web ou dans le courrier électronique, dans la mesure où nous choisissons et configurons nos logiciels selon les normes et les standards adéquats) ; d'autre part, des organismes internationaux de normalisation tels que ISO, des consortiums industriels tels que UNICODE, et même des organismes à forte couleur américaine, responsables du développement d'Internet, comme IETF et W3C, sont tous en train de se pencher sur la mise en œuvre d'un jeu de caractères universel, susceptible de couvrir toutes les écritures des langues du monde. Les grands fabricants de logiciels comme Microsoft, IBM, Oracle, Lotus, etc., suivent depuis plusieurs années des méthodes de développement qui leur permettent de livrer presque simultanément des produits en plusieurs langues. Le multilinguisme devient aujourd'hui une valeur sûre pour le marketing... Tout cela pour dire que le problème en question sera sans aucun doute réglé, puisqu'il préoccupe de plus en plus d'intervenants, et la réussite sera d'autant plus proche que les utilisateurs de diverses langues mettront leur effort en commun.

*Question : J'ai lu quelque part (dans ce livre, en fait) que lorsqu'on fait un tri automatique, la lettre A n'est pas la première en haut de la liste des résultats du tri. Que les chiffres et les symboles viennent avant la lettre A. Pourquoi est-ce comme cela ? Comment se fait-il que, comme la plupart des gens que je connais, je ne le savais pas auparavant ?*

GB : La norme ASCII attribue des valeurs numériques à 128 caractères et symboles différents. Elle attribue la valeur 000 à un symbole appelé NUL. Le symbole BEL a la valeur numérique 007. Il était utilisé dans le bon vieux temps pour faire sonner la cloche sur le téléscripteur, à distance. Les chiffres, de 0 à 9, ont les valeurs de 048 à 057. L'espace, qui est présent dans certains noms, a la valeur 032. Les lettres majuscules, sans accent, ont les valeurs de 065 à 090. Les lettres minuscules, sans accent, ont les valeurs de 097 à 122. Si l'on ordonne une série de noms selon ces valeurs numériques, ils ne seront donc pas en ordre alphabétique, comme on l'entend habituellement. On constate encore l'existence de tels phénomènes quand on regarde une liste des noms de fichiers dans certains écrans. Ce problème est connu depuis longtemps des techniciens. Il permet peut-être encore de piéger de nouveaux étudiants en informatique. Des méthodes pour contourner la difficulté sont bien connues. Un Québécois, Alain LaBonté, y a brillamment contribué. Le grand public s'intéresse-t-il à ces détails techniques ?

*Question : Quelles conséquences l'utilisation du code ASCII aura-t-elle sur les prochaines générations d'outils de gestion de l'information ?*

RR : On peut répondre simplement : si le texte dans lequel vous désirez retrouver un passage perd ses accents en traversant l'Atlantique, votre outil de repérage ne vous sera pas très utile pour différencier « mur » de « mûr », « tombes » de « tombés », et ainsi de suite.

*Question : Dans combien de temps toutes les langues seront-elles égales sur le Net et dans les logiciels ?*

RR : La question à 100 000 $... Il est difficile de donner une date exacte, mais on peut certainement affirmer que l'une des raisons de la suprématie de l'anglais sur Internet ou en informatique tient à ce que le reste de la planète en est actuellement à rattraper les Américains. À mesure que les Chinois, les Russes ou les Français s'approprieront une partie du Web, qu'ils s'attaqueront aux problèmes entravant leur occupation de l'espace virtuel, le problème se résorbera naturellement... Il y a quelques années, 95 % du contenu d'Internet était en anglais. Dans un ouvrage intitulé *The Future of English,* un auteur britannique prédisait que cette proportion chuterait à 40 % d'ici peu de temps. Il est raisonnable de penser comme lui... Après tout, l'édition en langue anglaise compte pour à peu près 30 % de l'édition mondiale. On ne voit pas pourquoi les choses seraient complètement différentes pour le Web — les Indiens lisent après tout l'hindi, les Allemands, l'allemand, etc. ; les entreprises devront aussi prendre ce fait en considération dans Internet.

Cela dit, tant que le gros des producteurs de logiciels et de matériel sera localisé aux États-Unis, on peut tout de même penser, pour paraphraser le cochon dans *La Ferme des animaux,* que toutes les langues seront égales, mais que l'anglais sera un peu plus égal que les autres...

J.B. : Naturellement, les gens préfèrent lire ou s'informer dans leur langue maternelle, en ayant accès au même type et à la même qualité d'information. De plus en plus de gens placent sur le Web les contenus créés dans leur langue d'origine et cette situation ne sera plus un problème dans quelques années. Déjà, des produits comme le logiciel de navigation Tango, de l'entreprise québécoise Alis Technologies, permet de consulter des contenus en langues étrangères. À mesure que les utilisateurs qui parlent une autre langue que l'anglais travailleront, consommeront, se divertiront et prendront leur place sur Internet, les contenus en d'autres langues seront de plus en plus nombreux. Déjà, le Réseau des réseaux se transforme considérablement. Un exemple ? Le rapport annuel *Internet Industry Almanac* mentionne que, en 1991, les Américains dominaient largement le Net avec un taux de présence de 91 %. En 1994, ce taux chutait à 65 % et en 2000 il devrait frôler les 40 %. La liste des pays naviguant le plus sur Internet est la suivante :

1. États-Unis

2. Japon

3. Royaume-Uni

4. Canada

5. Allemagne

6. Australie

7. Pays-Bas

8. Suède

9. Finlande

10. France

Le rapport *Internet Industry Almanac* mentionne également de surveiller de très près la Chine et la Russie, de même que les pays d'Asie.

*Question : Croyez-vous à la suprématie anglophone mondiale ou pensez-vous que les identités culturelles s'affirmeront d'ici 10 ou 20 ans?*

RR : Il est certain que l'anglais est actuellement la langue la mieux positionnée pour l'obtention du titre convoité de *lingua franca* mondiale, mais il faut garder les choses en perspective — ce que certains francophones auraient dû faire voilà 200 ans d'ailleurs...

Premièrement, malgré tout ce qui se dit et s'écrit, les personnes qui parlent l'anglais comme langue maternelle ou langue seconde représentent aujourd'hui une plus petite partie de la population mondiale — environ 7 % — qu'il y a 30 ans ; dans les faits, près de 90 % des habitants du globe ne parlent pas l'anglais et préfèrent mener leur vie — doivent mener leur vie ! — dans une autre langue.

Deuxièmement, l'anglais est peut-être la langue du commerce dans cette partie-ci de la planète, mais il se fait chauffer les fesses par le chinois dans la plus grande partie de l'Asie. Et quand les États-Unis traitent avec l'Amérique latine, c'est de Miami et en espagnol que ça se passe !

Troisièmement, il faut garder en tête que si la technologie est le facteur clé de la mondialisation — avec Internet, toute entreprise est en mesure de nouer des liens avec des partenaires situés à l'autre bout du monde, de vendre ses services publicitaires ou financiers aux quatre coins de la planète, etc.— et par le fait même de la progression à court terme de l'anglais, elle pourra aussi être ce qui permettra à moyen et à long terme de se passer de l'anglais. Il ne s'agit pas là d'une utopie, mais de la réalité...

En effet, si le traducteur automatique capable de traduire *Le Matou* en chinois n'est pas sur le point de naître, celui qui est capable de traduire en russe ou en japonais un formulaire de commande de fruits et de légumes produit en français, lui, existe déjà.

*Question : Est-ce que le commerce interentreprises se fera tout de même surtout en anglais ? Et les francophones du monde ? Que fait le Québec pendant ce temps-là ?*

RR : Il y a une règle non écrite que tout le monde connaît en affaires : le vendeur parle la langue du client. Comme c'est en Asie qu'il y aura le plus de clients dans quelques années, les vendeurs parleront de plus en plus chinois. Le corollaire de cela, c'est que la francophonie devra continuer d'être un gros client, un gros importateur, donc, pour que les vendeurs continuent d'apprendre sa langue. Cela veut dire que plus le Québec et la France et la Belgique seront riches et importeront, plus on parlera leur langue.

Évidemment, il y aura d'autres tendances en action au même moment. Ainsi, plus les entreprises québécoises seront imbriquées profondément dans l'économie mondiale, plus la pression de l'anglais sera forte. Je vous donne un exemple : une société conseil québécoise possède des bureaux aux États-Unis parce qu'elle y fait des affaires ; cette société a récemment décidé de se doter d'un intranet qui permet notamment à un consultant de faire des appels à tous, de poser aux autres consultants de la boîte les questions auxquelles il ne trouve pas lui-même de réponse (du genre : «J'ai un problème *X*, quelqu'un a-t-il déjà rencontré le même ?). Avant l'intranet, le type aurait posé sa question à ses collègues québécois seulement, en français ; maintenant, il pose sa question en anglais parce que, s'il ne le fait pas, il ne tire pas pleinement profit de la puissance de l'inforoute.

*Question : Qu'arrivera-t-il avec la poste, la messagerie traditionnelle : vont-elles devenir désuètes ?*

RR : Une bonne façon de placer son argent en ce moment consiste à acheter des actions de FedEx, Purolator, UPS ou toute autre compagnie de transport. Il faudra bien que quelqu'un livre tous les paquets qui sont commandés par l'entremise du Net !

Les gens qui utilisent le courrier électronique utilisaient le télécopieur ou le téléphone dans leurs échanges de personne à personne ; alors la situation demeurera relativement inchangée de ce côté — les deux ou trois lettres d'amour qui s'écrivent chaque année dans le monde sont probablement toujours expédiées par le courrier traditionnel.

Quant à la correspondance expédiée par les entreprises à leurs clients, elle prendra le chemin de la poste pendant un certain temps encore. C'est que 80 % des foyers ne sont pas encore branchés à Internet et que les 20 % qui restent ne raffoleront pas d'imprimer le dépliant d'Altamira ou le catalogue d'Ikea.

JB : L'invention de la télévision n'a pas éliminé la radio ou le cinéma pour autant. On continue d'écrire et de lire les journaux, les auteurs publient et le public achète encore des livres, malgré l'arrivée des ordinateurs et d'Internet. Chaque nouveau média qui émerge s'ajoute aux autres et crée une segmentation plus précise des consommateurs. Ce n'est pas parce qu'on consulte des publications en ligne que l'on cesse de lire des magazines... D'ailleurs, le nombre de magazines qui traitent d'Internet est en hausse constante à travers le monde...

Les services postaux traditionnels continueront d'exister mais subiront assurément une transformation amincissante. Comme pour toutes les industries qui se réorganisent, les services postaux devront présenter une valeur ajoutée pour conserver leur clientèle. Peut-être seront-ils privatisés et fusionnés aux services de messageries ? Même si une missive électronique est pratique et livrée rapidement à son destinataire, elle n'a pas le charme d'une jolie lettre écrite à la main sur un beau papier tamponné du sceau officiel du pays émetteur. Le plaisir d'ouvrir une lettre qui a voyagé pendant de nombreux jours, qui a traversé les frontières et qui atterrit dans ma boîte aux lettres est difficile à comparer avec la lecture de mes missives électroniques. Et que dire des timbres que l'on collectionne ? Toutefois, la poste traditionnelle est plus souvent porteuse de factures et de publicités indésirables que de belles surprises inattendues. Peut-être que le jour où nous recevrons nos comptes et nos factures par courrier électronique, nous serons moins pressés d'y répondre...

*Question : La publicité s'appropriera-t-elle le Net (intra-extra-Internet) comme elle s'est approprié tous les médias ?*

GB : La publicité s'est approprié tous les médias. La radio est gratuite et les différents postes de radio sont de plus en plus semblables. La télévision est presque complètement gratuite et toutes les chaînes se ressemblent. Sinon personne ne les écoute ou ne les regarde. Les journaux sont presque gratuits et bien peu les distinguent entre eux.

Alors pourquoi en serait-il autrement pour Internet ? La publicité a besoin de ce nouveau médium. Pourquoi ne se l'approprierait-elle pas aussi ? D'autant plus que mieux on cible son public, moins il y a de différence entre l'information et la publicité. Si j'ai décidé de me procurer une nouvelle voiture, je suis friand de renseignements sur les modèles qui m'intéressent. Je suis à la recherche de publicité. Je veux connaître l'expérience des autres. Je désire consulter d'autres personnes.

Les publicitaires seront de plus en plus prêts à prendre en charge les coûts requis pour me répondre et influencer mon choix. Pour y arriver, il me faut de la largeur de bande sur des lignes téléphoniques ou sur le câble, il me faut un modem ou un *set top box,* il me faut un écran, un processeur, etc. Iront-ils jusqu'à payer une bonne partie de ces infrastructures comme ils le font pour les infrastructures des autres médias ?

Les compagnies de téléphone et de câble pourraient faire comme les radios et les télédiffuseurs et faire payer le gros de leurs dépenses par les annonceurs. Ou encore, ils pourraient vendre eux-mêmes de la publicité.

JB : La publicité est en profonde transformation. Si la pub était jusqu'à présent davantage l'affaire des médias de masse et du marketing direct, les nouveaux médias comme Internet sont plutôt considérés comme des médias personnels. Parce qu'ils sont dits « interactifs », ces nouveaux médias laissent davantage de choix au consommateur que les médias traditionnels en matière de comportement. Les rapports sont inversés. Avec les médias de masse, le consommateur est captif et n'a pas vraiment le choix d'être exposé à la publicité à moins de se couper complètement du monde. La pub est partout et a un grand pouvoir. Les médias interactifs, au contraire, permettent au consommateur de sélectionner lui-même ce qu'il désire voir et, surtout, la pub à laquelle il veut s'exposer.

La pub est une source de revenus très importante, parfois même vitale, pour des sites Internet de contenus. Elle permet souvent d'absorber une partie des coûts d'exploitation d'un site. Un grand nombre de sites très intéressants ont dû changer de vocation ou tout simplement fermer faute d'argent pour en soutenir l'exploitation.

La commercialisation d'Internet a suscité l'arrivée de la pub et les techniques élaborées de persuasion et de sollicitation, au grand désespoir des irréductibles et des nostalgiques. Le marché des services sur Internet dans le monde s'élevait à 7 milliards de dollars américains en 1997. La firme de projections américaine Dataquest prédit une hausse de 314 %, soit 29 milliards de dollars américains, pour 2001... Partout où il y a des activités commerciales, il y a de la pub. Cette réalité est incontournable et, tant que la pub répondra à un besoin (ou saura en créer de nouveaux), elle fera sa place. Mais son pouvoir est beaucoup moindre sur le Net qu'ailleurs, pour le moment du moins...

Cette nouvelle réalité amène les publicitaires à rivaliser d'ingéniosité pour attirer les internautes. Jusqu'à présent, la pub sur Internet n'est pas rentable pour les entreprises qui y investissent. D'ailleurs, un grand nombre d'entreprises québécoises s'abstiennent d'y placer de la pub, car les outils de mesure de la rentabilité et du retour sur investissement sont encore en évolution et les standards ne sont pas établis. Une entreprise qui place de la pub sur Internet au Québec le fait davantage pour soigner son image ou pour soutenir son programme de visibilité dans les médias que pour la hausse de clientèle ou les revenus potentiels qu'elle pourrait en tirer. Internet est encore une communauté plutôt fermée, même si de plus en plus de gens naviguent. La pub sur Internet a donc l'avantage de rejoindre des publics extrêmement ciblés, ce qui peut s'avérer très intéressant pour une entreprise. Mais, à la différence des publics des autres médias, l'internaute n'est pas captif. Il décide de son parcours, de la période de temps qu'il consacre à sa visite et des adresses qu'il consulte. Il peut en tout temps interrompre la communication d'un seul « clic ».

*Question : Est-il obligatoire de prendre la voie numérique ? Ce numérique ne devient-il pas une vraie dictature ? Peut-on lui échapper ?*

GB : La voie numérique devient nécessaire pour atteindre certains objectifs (faire en sorte que son site soit bien repéré par les moteurs de recherche, écrire des textes susceptibles d'être mieux traduits par des robots, etc.). Si on poursuit de tels objectifs, il faut s'adapter au numérique. Les moteurs de recherche utilisent des robots qui indexent automatiquement les pages sur le WWW ; il faut donc leur fournir ce qu'ils recherchent (le livre donne d'ailleurs quelques exemples montrant comment préparer des pages Web bien adaptées à ces robots). On peut aussi se servir des caractéristiques de ces robots pour accroître ses chances d'être repéré par des internautes travaillant dans d'autres langues.

Le livre dit également comment utiliser dans Internet des outils de traduction automatique avec plus ou moins de succès. On y apprend qu'on peut rédiger des textes qui auront de meilleures chances d'être mieux traduits par ces outils. Là aussi, il faut adapter nos pratiques aux caprices du numérique si nous voulons être bien servis.

Mais il n'en est pas toujours ainsi. On sait que, dans d'autres cas, nous pouvons très bien adapter le numérique à nos besoins et à nos objectifs de fonctionnement avec nos employés et nos principaux clients et fournisseurs. C'est à nous de bien définir nos objectifs et de mettre le numérique au service des stratégies que nous choisirons pour les atteindre.

Le numérique, en somme, est un ensemble de moyens. Et ce ne sont pas les moyens qui doivent nous guider, mais bien les objectifs que nous poursuivons ; nos stratégies nous amènent à utiliser efficacement les moyens les mieux adaptés qui soient. En ce sens, la dictature du numérique serait la dictature des moyens : pour gagner, il faut utiliser les meilleurs moyens ! Le numérique n'est pas le seul, ni obligatoirement le meilleur.

Dans l'accomplissement de certaines tâches, il est très difficile de faire mieux que le numérique. En règle générale, les moyens numériques sont supérieurs à l'intelligence humaine pour les tâches qui demandent d'établir des liens simples, usités et peu nombreux dans de grands volumes d'information. L'intelligence humaine est créative, intuitive, surprenante. Elle est encore imbattable pour établir des liens complexes, nombreux et inusités dans des volumes plus faibles d'information. Les agents intelligents, par exemple, ne font que des tâches assez simples, somme toute, mais pouvant impliquer de grands nombres d'opérations. Bien sûr, ces agents vont se multiplier et se perfectionner et pourront assumer de plus en plus de tâches plus complexes. Par exemple, sur un intranet ou un extranet où les usagers sont déjà en relation d'affaires plus étroite, on confiera de plus en plus de responsabilités à ces agents. Si bien que pour plusieurs opérations routinières il ne sera plus nécessaire de faire intervenir des personnes. Nous sommes entrés dans l'ère du commerce numérique et automatique.

Remarquez, rien ne supplantera jamais la créativité et l'innovation. En affaires, ce seront toujours les meilleures armes, avec ou sans numérique. On ne vaincra pas le numérique sur son terrain. Il faut l'assujettir sur notre terrain, celui de la créativité et de l'innovation.

# Liste des tableaux et figures

# Index